神秘の易経

―周易が教える宇宙観と世界観―

坤（こん）	艮（ごん）	坎（かん）	巽（そん）	震（しん）	離（り）	兌（だ）	乾（けん）	
地天泰（ちてんたい）	山天大畜（さんてんだいちく）	水天需（すいてんじゅ）	風天小畜（ふうてんしょうちく）	雷天大壮（らいてんだいそう）	火天大有（かてんだいゆう）	沢天夬（たくてんかい）	乾為天（けんいてん）	乾（けん）
地澤臨（ちたくりん）	山沢損（さんたくそん）	水沢節（すいたくせつ）	風沢中孚（ふうたくちゅうふ）	雷沢帰妹（らいたくきまい）	火沢睽（かたくけい）	兌為沢（だいたく）	天沢履（てんたくり）	兌（だ）
地火明夷（ちかめいい）	山火賁（さんかひ）	水火既済（すいかきせい）	風火家人（ふうかかじん）	雷火豊（らいかほう）	離為火（りいか）	沢火革（たくかかく）	天火同人（てんかどうじん）	離（り）
地雷復（ちらいふく）	山雷頤（さんらいい）	水雷屯（すいらいちゅん）	風雷益（ふうらいえき）	震為雷（しんいらい）	火雷噬嗑（からいぜいごう）	沢雷随（たくらいずい）	天雷无妄（てんらいむもう）	震（しん）
地風升（ちふうしょう）	山風蠱（さんぷうこ）	水風井（すいふうせい）	巽為風（そんいふう）	雷風恒（らいふうこう）	火風鼎（かふうてい）	沢風大過（たくふうたいか）	天風姤（てんぷうこう）	巽（そん）
地水師（ちすいし）	山水蒙（さんすいもう）	坎為水（かんいすい）	風水渙（ふうすいかん）	雷水解（らいすいかい）	火水未済（かすいびせい）	沢水困（たくすいこん）	天水訟（てんすいしょう）	坎（かん）
地山謙（ちざんけん）	艮為山（ごんいざん）	水山蹇（すいざんけん）	風山漸（ふうざんぜん）	雷山小過（らいざんしょうか）	火山旅（かざんりょ）	沢山咸（たくざんかん）	天山遯（てんざんとん）	艮（ごん）
坤為地（こんいち）	山地剥（さんちはく）	水地比（すいちひ）	風地観（ふうちかん）	雷地豫（らいちよ）	火地晋（かちしん）	沢地萃（たくちすい）	天地否（てんちひ）	坤（こん）

まえがき

「易経」（周易）は孔子が深く関与された書です。孔子はこの２〜３千年の人類史上、釈迦、キリストに並ぶ大聖人、大宗教家です。大聖人に共通する最低根本の悟りは、「この世は仮の世界であり、あの世こそが魂の本籍であること」、「この世とあの世を貫く法則は、善因善果・悪因悪果の『縁起の法』であること」という洞察です。

周易は宗教性、精神性に溢れた神秘の書です。周易は、周初の頃、文王が卦辞を、その子周公旦が爻辞を書かれ、その500年後、孔子が「十翼」を補伝され、宗教的にも高い儒教の教えを説かれました。

卦辞と爻辞は、もともと占筮を目的に書かれた書でした。

孔子は、「韋編三度絶つ（史記）」と言われるほど、卦辞と爻辞を読み込まれて、じっくりと時間をかけて構想されて、この世とあの世とを透徹した洞察をもとに、周易を完成されたのです。

周易は、全体で２万１千字に及ぶ大著ですが、そのうち、文王の卦辞と周公旦の爻辞を合わせた「経文」は占筮中心の辞で、合わせて約５千字位しかありません。

孔子はこの「経文」に、１万６千字の「十翼」を加えて、周易を儒教の根本書にまで高められたのです。孔子は「十翼」によって一つひとつ、「経文」の注釈と解説を行われて、人間の魂というものは、この世とあの世とを転生輪廻して修行する存在なので、多次元構造の仕組みのなかで、一貫して徳の形成に努めよ、善き種を蒔き続けよ、と教えられて、合わせて天帝（創造天）や神仏（大君子）のご存在や、地獄の存在などを教えておられます。

孔子が関与された周易の根本思想は「仁」です。他人に「愛」を与えることです。

天地間の「仁」は、乾為天と坤為地で表わされています。

人間（じんかん）の「仁」は、水火既済と火水未済で表わされています。

そして「十翼」の序卦伝と雑卦伝で綜卦と錯卦を説かれ、繫辞伝で互卦を説かれましたが、この綜卦・錯卦に互卦を組み合わせると、周易六十四卦は、乾為天・坤為地、水火既済・火水未済の四卦に統括されるという、まさに整然とした神秘の曼荼羅の如き精神性のある展開がされているということを私たちは見出すことができます。

孔子と言えば、「論語」と言われます。

しかし、「論語」は、正確に言えば、孔子の弟子を自称する者たちによる孔子の言行録です。孔子の死後、二百数十年にわたって、孔子の弟子筋を自認する、無神論者や唯物論者などの介入を許して、敢えて孔子の宗教性を否定するメンバーがこの「論語」の作成に関与して、大聖人孔子の思想を矮小化させた面もありました。

「論語」には「子、怪力乱神を語らず」（述而第七）と書かれています。孔子は、あの世のこと、見えないこと、オカルト的なものを一切語られなかったという解釈を残しました。 孔子は、「怪力乱神を語らない」小さな道徳家であり、後世の評価において、宗教家ではない、と「論語」は断じています。

孔子は周易の「十翼」のなかで「怪力乱神」を語られました。現代日本は、周易の教える「仁」（愛）の思想を学ばなければなりません。

そして、その根幹にあるのは、周易が根本に教える、天帝や神仏（大君子）を信じることが大事です。

本書がその気づきの書となることを心より祈念するものです。

2018 年 10 月

遠山　尚

目　　次

まえがき　……………………………………………………………　3

第一章　易の神秘の根源「河図、洛書」………………………　9

第二章　周易の三聖三古の伝承……………………………………　10

　　第一節　包犠　………………………………………………　11

　　第二節　文王　………………………………………………　12

　　第三節　武王　………………………………………………　16

　　第四節　周公旦　……………………………………………　17

第三章　孔子の周易による儒教精神の確立………………………　19

　　第一節　光の大聖人孔子　…………………………………　19

　　第二節　多次元世界の法則を熟知していた孔子　………　21

　　第三節　孔子と周公旦、そして周易　……………………　25

　　第四節　「史記」にみる孔子………………………………　28

　　第五節　周易と十翼　………………………………………　30

第四章　この世とあの世とは何か…………………………………　40

　　第一節　孔子の偉大な悟り　………………………………　40

　　第二節　この世について　…………………………………　41

6　　　　　　　　　　　　　　　　　　　　　　　　　目　　次

　　1　食 ……………………………………………………… 41

　　2　性 ……………………………………………………… 43

　　3　睡眠 …………………………………………………… 44

　　4　三欲の肯定 …………………………………………… 45

　第三節　あの世について ………………………………… 45

第五章　孔子の「仁」「礼」「義」「智」の思想 …………… 49

　第一節　「仁」の思想とは何か ………………………… 49

　第二節　「礼」「義」「智」の思想とは何か …………… 54

　　1　礼 ……………………………………………………… 54

　　2　義 ……………………………………………………… 57

　　3　智 ……………………………………………………… 59

第六章　十翼からの学び……………………………………… 62

　第一節　彖伝（上下）、象伝（上下） ………………… 63

　　1　沢山咸（感動と感謝）（序卦伝　第 31 卦）……… 64

　　2　地山謙（謙虚さ）（序卦伝　第 15 卦）…………… 73

　　3　山雷頤（心身の頤養）（序卦伝　第 27 卦）　…… 80

　第二節　繋辞伝（上下）………………………………… 87

　　1　大宇宙に天帝の光あり（繋辞伝（上）第一章）…… 88

目　次　　7

2　吉凶悔吝と縁起（繋辞伝（上）第二章）……………………… 94

3　吉凶悔吝と険易（繋辞伝（上）第三章）……………………… 96

4　多次元世界を悟る精神（繋辞伝（上）第四章）……………… 97

第三節　文言伝 ……………………………………………………… 99

第四節　説卦伝 ……………………………………………………… 104

第五節　序卦伝 ……………………………………………………… 110

第六節　雑卦伝 ……………………………………………………… 118

第七章　周易の現代的発展論…………………………………… 128

第一節　周易の十六の体系と根本精神 ………………………… 128

第二節　易の曼荼羅観 …………………………………………… 130

第三節　六十四卦の系統化、総合化 …………………………… 132

1　繋辞伝に見る統括観 ………………………………… 132

2　綜卦 …………………………………………………… 133

3　錯卦 …………………………………………………… 136

4　互卦（四爻互体法）………………………………… 139

5　綜卦論、錯卦論、互卦論の意義 ………………… 140

第三節　周易の十六の根本精神 ………………………………… 145

第四節　天地と人の「仁」の光 ………………………………… 148

　　　　1　乾坤グループ　（天地の仁）……………………………… 148

　　　　2　既済未済グループ（人間の仁）………………………… 151

　　第五節　卦の徳の総合的判断（事例）………………………… 155

　　　　1　四大難卦に観る周易の柔軟性 ………………………… 155

　　　　2　水山蹇　（蹇難のチャンス）………………………… 156

　　　　3　沢水困（困難下を突き進む）………………………… 161

あとがき ……………………………………………… 167

第一章　易の神秘の根源「河図、洛書」

　易が神秘性に彩られている根源を遡ると、結局、「河図、洛書」の神話に行き着きます。

　「河図」は、包犧が皇の時代に、黄河から龍馬が図を負って出てきた、という神話です。実に大きな特異な馬が出現して、龍の如きものであったので、龍馬と言われました。龍馬の背の上には、毛がくるくると旋っていて、一から十の数字を表した旋毛の図が現れました。数は数霊が宿っています。天の自然の数を表していました。数は神秘の世界を体現していると信じられていました。

　包犧はこの「河図」は天地の至極の理をあらわす図であると見抜いて、「河図」を基に五行生成の数をつくり、易の八卦を創造されました。河図から読み取れる水、火、木、金、土の五行などから、八卦を創造することによって、易の根本が出来上がったのです。

　一方、「洛書」は夏王朝の始祖である禹の時世に、洛水から神亀が出てきたという神話です。その亀の背中に、一から九までの数が現れていたのです。洛書は、黄河の治水に奔走した聖天子の禹の聖徳を天がお慶びになって、地に降ろされた現象であるととらえられました。「洛書」は一から九に至るまでの実数です。「洛書」中央の数は五です。（河図、洛書についての詳しい解説は、弊著「煌く易経」（明徳出版社）第一部第四章をご参照下さい。）

第二章　周易の三聖三古の伝承

　周易には「三聖三古」の伝承があります。周易は三人の聖人と、三つの古い時代を経てつくられた書である、という伝承です。

　先ず、上古の包犠が八卦を画し、中古の文王が卦辞、その子周公旦が爻辞をつくり、近古の孔子が十翼をつくった、という聖人作易説です。文王と周公旦は親子で一人とみています。

　上古の包犠は八卦をつくりました。古代中国において、八卦によって万物の情勢を類型的に条理立てる道を開いたのです。次いで、中古の周の時代に、包犠の八卦をもとに、文王が周易の六十四卦の卦辞をつくり、その子周公旦が六十四卦の各卦を構成する六爻毎の三百八十四爻の爻辞をつくりました。そして、周の時代から500年後の近古の孔子が、この周易の卦辞・爻辞（合わせて経という）に十翼を補伝されて出来上がった書（伝）を合わせたものが周易です。

　包犠の死後、三皇五帝といわれる神農氏、黄帝、堯氏、舜氏などの時代が続きます。その後、周に至るまで夏、殷の時代へと継がれていきます。中国古代の政治において中心的な精神的支柱を成したのが易です。20世紀に入って、夏王朝と殷王朝の遺跡が発見されました。この遺跡の発掘から、青銅器製の占筮にまつわる大量の神器が出土されました。

　包犠の八卦をもとに、原始の易は明らかに存在していました。当時の易は、連山易、帰蔵易という易の名であったことは伝えられていますが、現在ではその易法は何も残されていません。今残されて

いるのは、周易だけです。

第一節　包犠

司馬遷は「史記」（太子公自序）で次のように述べています。（新釈漢文大系「史記」〈明治書院〉の訳。以下、「史記」の訳文は同書による）

> 天下に散らばって忘れ去られようとしている古い伝聞を網羅して、王者の事跡の興ったところについて、始めをたずね終りを見極め、盛衰を観察し、具体的事実に照らして論考した。あらまし三代（夏・殷・周）の世をたずね、秦・漢を記録し、上は軒轅氏（黄帝）より記して下は現代まで、十二の本紀をつくった。

ここでいう「王者」とは、必ずしも天子・皇帝のみを指すのではありません。太古の聖天子の記録「五帝本紀」、三王朝の記録「夏本紀」、「殷本紀」、「周本紀」、中国最初の統一帝国の記録「秦始皇本紀」、漢の歴代皇帝の記録「高祖本紀」「孝文本紀」「孝景本紀」「孝武本紀」の九つの本紀は確かに天子・皇帝の事跡を記したものです。

しかし残る三つの本紀は、春秋戦国時代の諸侯秦の記録「秦本紀」、秦末漢初に権力を握った項羽の記録「項羽本紀」、高祖劉邦の皇后呂后の記録「呂后本紀」です。それらを本紀に立てたところに、司馬遷が名目にとらわれずに現実世界を透徹した鋭い史眼が示されています。項羽は一時期にせよ、最高権力者として天下に君臨しましたし、呂后は高祖没後、漢帝国を事実上取り仕切ったことを重んじて、本紀を立てました。

十二本紀には、司馬遷の超一流の史観が一本通されています。

「史記」の記述は五帝の時代からはじまりますが、それ以前の三皇について書かれた「三皇本紀（補史記）」は、包犧について次のように語ります。

　　　包犧氏は姓を風といった。母が雷沢という所で神に感応して妊娠し包犧を生んだ。体は蛇のようであり、頭は人のようであったが、聖人の徳を具えていた。すなわち、天を仰ぎ視ては日月星辰の現象を観察し、俯しては地上の山川高卑の形勢を観察し、あまねく鳥獣のあや模様と、地の方位高低などをみきわめ、近くは人間としての自分自身を参考にし、遠くは事物の在り方を取り入れ、かく天地人の三才の義を考え合わせて、始めて八卦を画き、よく神明の徳に感通し、よく万物の本質に適合させた。

「三皇本紀」が伝える包犧は、如何に包犧が人間離れしていて、傑出した神秘的な大聖人であったか、ということを残しています。

第二節　文王

司馬遷（前145〜86）は、孔子（前552〜479）の時代から僅か400年後の時代の方であり、同時に、周王朝設立の時代から見ると、900年後の時代の方です。司馬遷は、周王朝時代のことに近い時代に活躍された方なので、現在からみると比較できないほど、歴史的考察に優れたものが「史記」に残されました。後世の歴史家たちは、司馬遷の「史記」が、非常に当時のことをありありと残していることに驚嘆していますが、周や殷の時代も含めて司馬遷が身近な時代

第二節　文王

の歴史を極めて正確に後世に書き伝えたことは、ありがたい事実として受け止められています。

　若き西伯（後の文王）の時代、周は、東方の殷王朝の持つ脅威的な軍事力、文化力で、圧倒され続けられていました。20世紀になって殷墟が発見され、殷の特徴的な技術は、高い青銅技術であることが分かりました。多くの青銅から圧倒的な軍事力がつくられました。殷では西アジア（インダス、トリキスタン）との交流をもとに、二頭の馬に三人乗り兵士の当時世界最高レベルの戦車を保有していました。

　また、神器も青銅器製の聖具がおびただしく出土しました。そして、青銅器以外にも、陶器が大量に発掘されました。中国で、これほどの量が発見されたことはない、と言われています。殷墟の周りには、食用となる牛の放牧や、水道設備も持っていました。

　殷は、当時、青銅器と陶器を有する世界有数の軍事的、文化的国家であったのです。殷という国は、周の文王にとって、とてつもなく大きな壁であったのです。

　殷の末期において、紂王が暴虐の政治を行います。

　「史記」は「殷本紀第三」で紂王について記しています。

　　帝の紂は天性弁舌さわやかで行動はすばやく、見聞した物事の本質をつかむことは甚だとく、才能も腕力も人よりすぐれており、徒手で猛獣を打ち倒すこともできた。智恵は臣下の諫言をふさいでしまうほどであり、言葉は自分の非行を飾りたてるに十分なほどうまく、臣下に誇るに己に才能があるものとし、天下に高ぶるに己に名声があるとして、世間の人は皆自分以下だと思っていた。紂は酒を好み淫楽し、女好きで妲己を寵愛し、

妲己のいうことには何でも従った。賦税を重くして人民から多く取り立てた。鬼神をあなどって敬う心はさらさらなく、群臣官女をあつめて沙丘で楽しみ戯れた。酒を以て池と為し、肉を縣けて林と為す（酒池肉林）。男女を裸にして、その間を追いかけっこさせ、昼夜を徹しての長い酒宴を張った。民は紂を怨み、諸侯のうちにはそむくものも出てきた。

一方、「史記」は周の文王に対しては、「周本紀第四」で述べます。

　　（文王の祖父）古王には長子と次子と少子（三男）季歴（きれき）がいた。季歴の子の昌が生まれた時に、昌には聖人となる祥瑞があった。古王は、我が世継ぎに興隆するものがあるとするなら、それは昌の子孫であろうか、と言った。長子と次子は、古公が季歴を世継ぎに立てたいと望んでいることを知って出奔して、古公の後を季歴に譲った。古公が死んで季歴が立った。これが公季である。公季は古公の遺した道を修め篤く正義を行ったので諸侯はこれにしたがった。

「史記」は続けます。

　　公季が死んで、その子の昌が立った。これが西伯であるが、西伯は後世、諡（おくりな）されて文王といった人である。西伯は、古公、公季のきめた法に則り、仁徳を敦くし、老人を敬い、幼少の者を慈しみ、賢者には礼をつくしてへりくだり、昼になっても食事する暇もないほど熱心に人材をもてなした。こういう訳で賢人たちが多く西伯に帰属した。殷の紂王はこれに嫉妬して、西伯を羑里（ゆうり）に幽閉した。西伯の臣らは心配して、美女と、駿馬と、

第二節　文王　　　　　　　　　　　　　　　　　　　　　　　　*15*

その他珍奇な品々を求め揃えて、紂王に献上した。紂は大いに
喜んで、この一つでも西伯を許すに十分だ、といって西伯を赦
免した。紂王は、弓矢などを与えて、紂王の命令に背く者の征
伐を許し、西方の諸侯の長の意味で西伯に任じた。

　西伯は周に帰ってから、紂に気づかれないように徳をおさめ、
善政を行った。諸侯は多く紂にそむいて西伯に心をよせて服従
してきた。西伯の威望はますます大きくなり、紂はこのために
いよいよ権威の重さを失った。臣下からの諫言に対しても紂
は言った。「わしが生まれて天子としてあるのは、実に運命が、
天帝の意思によってかくなっているのではないか。だから、人
民はまた、我をどうすることもできない」。

　「史記」はさらに続けます。周は殷の圧倒的な戦力を徹底して学
び、西伯はようやく臥薪嘗胆、殷打倒に向けた永年の念いを実現し
ていきます。

　西伯（文王）ひそかに善を行い、諸侯皆来って殷の平ぎを決
す。西伯は周王として位に即きて五十年なり。その羑里に囚わ
れしとき、易の八卦を益し、六十四卦と為せり。

　西伯は殷と真っ正面から対決することを避けながら、殷と姻戚関
係も深めながら、殷のあらゆる力を学んで、国力を上げることに地
道に努力して実力をつけていきました。その結果、ついに、天下を
三分しその二は周に帰す、といわれるほど殷に対して力をつける力
をつける力を持ったのです。

　その一方、西伯（文王）は易の八卦から、上卦と下卦のそれぞれ
の八卦を組み合わせた六十四卦をもうけ、卦辞をつくったのです。

西伯（文王）の同母子弟は十人です。長男が伯邑考、次男が武王発、三男が管叔鮮、四男が周公旦、五男が蔡叔度でありました。

　文王は、長男の伯邑考が早世であったこともあり、次男の武王発を後継にしました。

第三節　武王

　武王は「史記」において、文王に続き、「周本紀第四」に詳しく取り上げられています。

　　西伯（文王）崩じ、太子発立つ。これを武王と為す。（文王をたすけた）太公望は師と為り、（武王の弟）周公旦は輔と為る。
　　武王は、殷の紂王の混乱・暴虐の行いがますます激しくなり、遂に、紂王征伐すべしことを諸侯に向かってあまねく告げた。紂王は寵愛する妲己の言を用い、自ら天意にそむきその天命をたち、天地人の正道を破壊した。今われ発はここに謹んで殷に天の罰を取り行なおう。
　　武王は殷の都である朝歌の南郊の牧野に隊伍を整えた。紂王は武王の攻めて来たことを聞いてこれを防いだ。しかし殷の軍は人数は多けれども皆戦う意思なく、武王の軍が馳せ入ると、紂の兵は皆武器をさかさにして、皆総崩れになって紂にそむいた。紂王は自ら火中に身を投じて焼死した。
　　武王が殷に勝ってから二年後、武王が病気にかかった。天下はまだ安定していたとはいえなかったので、群公は憂え、心を痛めた。周公旦は神に祈って、不祥をはらい、福を求めて斎戒し、自ら贄となって武王に代わって死のうと欲した。武王は一旦病が癒えたが、やがて崩じた。武王の太子の誦が代わって

立った。これが成王である。

第四節　周公旦

　文王の四男が、周公旦です。武王の弟です。周公旦は、文王、武王を補佐し、殷の紂王を牧野の戦いで破り、周の建国に尽くした英雄です。

　司馬遷は、「史記」の中で、まず本紀において天子や帝王の事跡や国家の大事を記録しましたが、本紀の次に、天子や帝王を補佐し忠誠と信義によって道を行い、主上に仕えたもののために、三十の世家をつくり、「史記」のなかに残しました。

　「史記」は「魯周公世家第三」において周公旦をたたえて述べています。

　　周公旦は周の武王の弟である。文王の在世当時から、子として孝行で、人徳にあつく、多くの兄弟たちとは異なるところがあった。武王が即位してから、周公旦はいつも武王を輔佐し、政事を執ることが多かった。

　　武王が殷に勝ってから二年を経たが、天下は未だ安定しなかった。その後、武王が崩御した。その子成王はまだ幼少。周公旦は天下の諸侯が武王の死を聞いて、周にそむくことを恐れた。そこで周公旦は、周王朝を完成させるために、成王の摂政となり国事に当たった。

　　しかし、（周公旦の兄弟である）管叔鮮、蔡叔度が、殷の遺臣と結託して謀反を起した。

　　周公旦は成王の命を奉じ、軍を起こして東征し、二年で悉く平定した。諸侯は皆悦服して周を宗室として仰いだ。

成王は成長して国政を聴き得るようになった。そこで周公旦は摂政をやめて、政権を成王に還した。七年の後に及び、大政を成王に奉還すると、北面して臣下の位置に就き、敬い謹しんだ。

　周公旦は礼楽制度を定め、周王朝の基礎を築きました。周公旦の思想の根底にあるのは、天の思想です。これこそ周王朝の政治理念とされるものでありました。周公旦は、文王、武王、成王を補佐するなかで、殷とは次元を異にしたこの天の思想をもって、周の建国の背骨にして、精神性を一本通したのです。

　殷には帝の観念があり、帝とはこの世的な人格神の観念です。

　殷の王朝は、代々、自らをこの世的な王、人格神として与えられた直系の子孫であることを根拠に、連綿と伝えられた王権神授的な王朝であることを主張し続けていました。

　周公旦は一種のシャーマンであり、聖職者でした。周公旦は、父の文王がつくったといわれる卦辞に、六十四卦の六爻の一つひとつに、爻辞をつくりました。周易を、天の思想として、文王の卦辞の思想を基に爻辞をつくりました。周易に天の思想を求めたのです。

　周公旦は易占をもとに天意を知り、天がよしとして天意にかなう政治を行うことが大事であるとしました。そもそも天命を受ける王朝というのは、天からその王朝が愛されていることが前提である、殷が滅亡し、周が興起するのは、すべて天命によるものである、と説いたのです。殷の王の権力は代々天から特別に授けられたものであるから、これを何人も反抗する権利はないとする旧来の王権神授の思想をはるかに越えた大きな天の思想で、殷に代わって天命による新たな王朝が、周王朝であると位置づけたのです。

第三章　孔子の周易による儒教精神の確立

第一節　光の大聖人孔子

釈迦、キリストと並ぶ大聖人が、孔子です。ここ２〜３千年の人類の歴史のなかで、孔子は圧倒的な大聖人でありました。大聖人とは、数千年おきに地上に出て、世界的な宗教を起こし、地上を浄化される大霊です。根本仏の近くにまします大聖人の一人が、孔子です。

大聖人の悟りとは、次の三つの条件を満たしています。

第一　どのような人にも対機説法ができるような、縦横無尽な法を悟っていること。

第二　創世記についての悟り、すなわち、宇宙のなりたち、地球の歴史についても悟っていること。

第三　あの世の、多次元世界の法則について悟っていること。

（第一）

先ず第一に、孔子もまた、どのような人にも対機説法ができる、縦横無尽な法を悟っておられました。対機説法とは、相手の悟りの機根や悟りの程度に合わせた説法のことです。縦横無尽な法を理解され悟っている方の、相手への優しさが根底にある説法です。

孔子の言行が現代に残されているのが、「論語」です。「論語」は、孔子とあらゆる機根を持つ弟子との間にかわされた対話の集約です。

その対話のなかで、孔子の言葉は、縦横無尽な法を悟っている言葉であり、圧倒的な天の霊的な言葉が弟子に発せられました。

「論語」は、子路、子貢、顔回、子夏などの、弟子による孔子の言行録となっています。大聖人である孔子の説法は、誰に対しても縦横無尽の言葉を語っていたことは事実でありました。恐らく説法は、時代を超越した宇宙的、宗教的な説法が多く含まれていたと思われます。しかし、孔子の偉大な説法を理解できる弟子は、一人もいませんでした。

孔子の説法は、弟子一人ひとりに対して、優しさに満ちあふれています。弟子は、師の言葉に感動し続けます。

「論語」は簡潔で美しく、弟子によって残された言葉は、すぐに格言になるほど、人々の心を生き生きと打つ言葉となりました。

弟子は、孔子の語られる、見えない世界の大きな説法は理解できませんが、弟子の頭、認識力で理解できる範囲の言葉が、「論語」には残されることになりました。弟子たちは、この圧倒的な大聖人孔子の言葉に大きな感動をもって接して、師との対話で得た言葉をその時すぐに書き留めておいたのでしょう。言葉はすぐに忘れてしまうものなので、多くの弟子は格調の高い孔子の言葉をできるだけ書き留めて、忘れないようにしたことは間違いありません。

孔子が語られた多くの言葉であっても、どのような人にも対機説法ができるような、縦横無尽な法を悟っている言葉なので、「論語」は後世の人々の心に感動の書として影響を与え続けていきました。

（第二）

第二に、孔子は創世記についての悟り、すなわち、宇宙のなりたち、地球の歴史についても悟っておられました。ただこの面に関する孔子の悟りの言葉に対しても、弟子の誰もが理解できなかったと

第二節　多次元世界の法則を熟知していた孔子

いうのが事実であったと思います。

第二節　多次元世界の法則を熟知していた孔子

（第三）

　孔子は、この世とあの世を貫いている多次元世界の法則について悟っておられました。あの世の一角の低次元世界には地獄界があり、天国の世界もタテの豊かな多次元世界が展開されており、東洋・西洋にかかわりなく、善因善果・悪因悪果の縁起の法則は誰も逃れることはできず、タテの多次元世界が展開されていることを悟っていました。そして、孔子は、縁起の法を信じて自分が努力精進し、自らを修め、仁徳を積み重ね、治国平天下を目指す、という理想を掲げられました。

　「論語」には、「子、怪力乱神を語らず」（述而第七）と述べたところがあります。孔子は、解明不可能な超常現象や目に見えない神様、あるいは、あの世の鬼や悪魔、妖怪変化、その他の霊の働きを、語られなかったという記述です。孔子は、無神論的、唯物的な一部の弟子が介入した「論語」のなかで、「子、怪力乱神を語らず」、と書かれているのです。

　「論語」は、後の弟子の編纂による師の言行録です。大聖人孔子を理解できない後世の人たちが介在して、意図的にあの世的なものを否定された言行が、「論語」には含まれることもありました。

　「論語」の一部には、俗的な「論語」を後世の人間がつくった面もあるのです。

　白川静博士（1910 ～ 2006）は、「孔子伝」において、「論語」について次のように指摘されています。

孔子の最初の伝記作者は、『論語』各篇の編集者たちであろう。しかし、『論語』の編集は、孔子の没後二百数十年にわたってつづけられたものであり、その批判者たちの資料も含まれている。

そのため、孔子をより偉大ならしめる目的や、あるいは逆におとしめようとする目的をもって、いろいろな話がつくりだされた。

『孟子』が用いたらしい孔子の語はかなり変改されているし、『荀子』に至ってはほしいままに孔子の語をつくりあげている。一方、『荘子』の文は孔子を最も理解しており、思想的系譜に連なることを思わせるほど、的確である。

『論語』を最初に編纂したと言われる弟子は、孔子最晩年の弟子で、孔子と直接に問答をしている例はほとんどない。

孔子の偉大さが理解できない、後世の無神論者、唯物論者の弟子たちが、孔子と言うご存在を矮小化し、言行録という狭い自由な「論語」を勝手につくり、孔子の思想を宗教まで高めずに、道徳のレベルに抑え込んだのです。孔子の思想に関しては、その流れで「大学」などいろいろな本もありますが、「礼記」などの部分には、霊やあの世を認めた記述もあります。いずれにしても、都合の良いように“つまみ取る”のが無神論者や唯物論者の常です。

「怪力乱神を語らず」という孔子の「論語」を据えると、孔子の思想を道徳のレベルで抑えることができ、宗教までいかずに済ましてしまったのです。

孔子は、あの世の多次元世界の法則を熟知していました。
そして、人間に求められる最低限の宗教的な悟りとは、十翼で述

第二節　多次元世界の法則を熟知していた孔子

べられているように、以下の通りのことでありました。

「人間は、本来、この世における肉体がすべてではありません。

この世では、肉体に魂が入っています。この魂がこの世とあの世を貫いて、無限の転生輪廻を繰り返しながら、永遠の修行を行っています。従って、人間はこの世において目に見えて確認できる肉体的、物質的な存在のみではなくて、本質的に、霊的魂をもった、非常に高度な精神的な存在こそが人間なのです。

人間は、この世においては、肉体を通して魂の修行をしているというのが本当の姿です」。

あの世の霊的世界を信じるか、信じないかは、宗教精神の根本を信じるか、信じないかのどちらかですが、そういう質問に対して表向きは、半数以上が、あの世や宗教を否定する人で占められているというのが、現在の日本人の置かれた状況です。

目に見えない世界は信じられない、とか、宗教に頼るほど自分は弱くない人間だ、とか、さまざまな天帝や神仏（大君子）を無視したエゴイスティックな見解を、各自はもっています。なにしろ、この世の人はあの世が見えない、聞こえない、また、あの世の人はこの世に来られないという、この世には厳しい現実を与えられます。なかには、天に愛があるならば、この世の人間にあの世のことを解るようにすればよいではないか、という、一種、傲慢な意見を持っている人も多くいます。

しかし、この世とあの世のことがズバリ解ると、この世の修行に支障ができると、天帝や神仏（大君子）は考えられました。天は、この世において、何度も何度も人間に対して、この世とあの世の神

仕組みについて、自分自身の力で悟れ、という機会を与えられています。そして、あの世を信じるか、信じないのか、その判断は、何度も何度も、天ではなくて、この世の肉体人間の各自に、その責任は任されているのです。

人間は、死ねば火葬場で焼かれて、ひとにぎりの骨と二酸化炭素だけになり、自分が生きた証拠は何もなくなってしまう、と考えるならば、これが、それほど幸福な考え方であるとはいえません。やはり、特定の名前を持って生きた人間の魂が、そのエネルギーが、死後も永遠に生き続ける、と考えるほうが幸福ではないでしょうか。

人間は死ねば何もかも終わりになるのであれば、この世の道徳も哲学も宗教も、すべて不毛なものとなってしまいます。私たちは、何のために、自分の人格を磨いてきたのでしょうか。何のために、勉強し、汗を流して働き、努力して良好な人間関係をつくったのでしょうか。何のために、一生懸命に生きてきたのでしょうか。

死によって何もかもなくなってしまうのであれば、人生は、まったく虚しいものになってしまいます。人格を磨くことなど意味がなく、努力して一生懸命に勉強し、人格の向上を目指す必要などありません。そうしたことを勧めるのは、ペテン師のささやきです。

霊的な真実を語れば、人間の魂は死を境に、肉体から離れてあの世の世界に行きます。そして、この世の肉体から去って、あの世に赴く時に、この世で生きた一生のストーリーを、一瞬のうちにフラッシュバックさせられ、この世の一生の生き方を魂は短時間で反省させられることになります。

この世は、あの世の世界から見れば一瞬の出来事です。その一瞬の数十年のこの世の魂修行において、向上したのか、堕落したのか、

それによって天国のどこに還るのか、或いは、地獄に堕ちるのかが決まるのです。自分のこの世の人生を天に対して謙虚に反省をして、あの世の行き場所が決まるのです。善因善果・悪因悪果の縁起の法則は誰も晦ますことはできません。

　孔子は、この２、３千年の人類史上、世界的思想の儒教の始祖として屹立した方であり、あの世において最高の高みをもたれた方です。思想界の大巨人です。この世とあの世については、洋の東西を問わず説かれている真実の世界観です。

　孔子は、この神仕組みをつくられた側の、大聖人でありました。

第三節　孔子と周公旦、そして周易

　孔子の思想は、古代中国の民族性や歴史的自然にも基づいていました。特筆すべきは、孔子の思想の理想の一つに、周公旦の教えがありました。

　孔子は、魯の国の生まれです。周公旦は魯に封じられて魯公と称されましたが、封地の魯には、周の成王を輔けることを重んじて、子を行かせました。

　孔子は、魯と深い因縁があることもあって、周公旦や周王朝を自らの理想に掲げました。周の封建制度を実質的に創設した、天による王道政治を説いた周公旦の思想を、終世敬慕します。そして、孔子は若き青年壮年の時代から、天や周公旦より強いインスピレーションを受け続けました。

　孔子は、一生夢を見続けました。夢に出てくるのは、いつも周公旦でした。（「論語」、「史記」）。周公旦は、孔子の一生を天上界にあって、指導霊の一人として指導されたのです。孔子は、周公旦を理想化していました。

周公旦の主な思想は、第一は、天は、天子を立てて万民を教養されるという、天降下民の思想です。

　この思想は、周公旦の時代に独り始まるものではなくて、古代中国の遙かなる古えより伝わっている「天は万民を保護されるご存在である」という思想です。

　第二は、天は、善を賞し悪を罰するという思想です。

　善因善果・悪因悪果の縁起の法則です。天は悪を罰するに当たって、先ず、警告を与えてこれを指導しますが、その悪を改めることなき時は、最後の処置を為されます。同時にまた、善を賞することも極めて慎重ですが、過つこともありません。

　第三は、天は、すべての運命を司るという思想です。

　これは天地の本質を悟っておられる方の思想です。天を総裁する無限の権威によって、この世とあの世は統べられているという、実に大きな思想です。

　周公旦は、天、宇宙を総裁する最尊のご存在を悟っておられた方の一人でありました。

　周公旦の思想の一つに、父である文王の卦辞に続いてつくられた爻辞があります。孔子は晩年になってこの卦辞と爻辞を愛好しました。「史記」に、「韋編三絶」の記述があります。

　周易の卦辞をつくられた文王、周易の爻辞をつくられた周公旦、その卦辞と爻辞の経文を注釈して説明されたものが、孔子がつくられた「十翼」です。

　卦辞と爻辞の経文は、孔子の「十翼」へと展開され、易は当時の高みのある儒教の根本精神へと発展します。卦辞、爻辞がつくられた文王・周公旦の占筮の言葉から後の、約500年経った頃です。全

第三節　孔子と周公旦、そして周易

編、孔子が関与された、人以上の人がつくられた言葉が、易に及びました。

　周易は全体で約２万１千字あります。このうち、文王の卦辞は約700字、周公旦の爻辞は約４千２百字です。孔子の十翼は、１万６千字です。

　孔子は、卦辞と爻辞の経文（けいぶん）の三倍以上に及ぶ十翼をつくられて、儒教思想の根本となる周易を仕上げられました。周易全体の四分の三が孔子のつくられた十翼で成り立っています。

　言葉は、大聖人に及ぶ天の言葉です。天は言葉なり、です。易に、天の光が及んだのです。今では、孔子のつくられた儒教は、この世的な礼などを中心とする教えの意味合いが強くイメージされています。

　しかし、孔子在世中に新たにつくられた儒教は、非常に宗教的な教えであり、あの世を信じる人たちばかりであった当時の世相において、世の中をさらに一歩も二歩も前を進ませる魅力ある教えであり、当時の人々の魂に圧倒的に訴えかける、宇宙的、世界的な説得力のある教えが孔子の儒教でありました。

　孔子は、巫女さんの子であったと言われています。母親が神降ろしをするシャーマンとして活躍された当時の偉大な方でありました。孔子は幼少時の頃から、そうした降霊現象、シャーマニズムについては、十分に知っていたと言われています。

　孔子は、生まれつき、天から大きな使命を託されて、この世に降ろされた超巨大な大霊能者であったのです。

第四節 「史記」にみる孔子

「史記」の中枢部分をなすのは本紀と世家です。

司馬遷は、十二の本紀に続き、三十の世家をつくり、生れにして400年前の孔子に対して、深い敬意を払い、「史記」のなかで異例とも言える「世家」を興し、「孔子世家第十七」で孔子の功績を称えました。「世家」とは、天子や帝王に次ぐ、主に仕えた諸侯、英雄の記録です。

司馬遷は、自らの研ぎ澄まされた歴史観で、孔子に世家の特別枠を与えて、孔子を古代中国屈指の思想家として、特別な存在として「史記」に連ねたのです。孔子の最も古く、また詳しい伝記が、孔子世家です。

「史記」は語ります。

> 孔子は魯に生れた。孔子は生れたとき、頭は平低で丘のような形であったので、丘と名付けられた。字は仲尼、姓は孔氏である。
>
> 孔子の母は巫女。孔子はいわば神の申し子である。孔子は児童の頃、祭器や礼を大切にした。両親を早くに亡くし、卑賤のうちに成長した。そしてそのことが、人間について深い凝視を寄せた偉大な大聖人を生み出した。

「史記」は、孔子が一時期、中央政界で活躍した華々しい成功をしるしていますが、多くは、あてどもない放浪の旅を、孔子を心酔する弟子たちと共にする姿が事細かに描かれています。

第四節　「史記」にみる孔子

> 孔子の時代は、周の王室は衰微し、礼（人間社会を平和にするための秩序、制度、規範など）と楽（詩をうたい舞って、情意を和楽する）がすたれていた。孔子は、夏、殷、周三代の礼に関するものを追跡して、古書、伝記を整理して、結局、夏から殷に政権交代があったときに、殷が礼を自らのために取捨し、自らのために損益するところを観察した。然るに、周は文化をあくまでも尊んだ。周の文化は、夏と殷の二代を手本として、その長をとり、短を捨てて制定されたので、盛んで立派である。

「史記」はさらに孔子と周易との関係を述べます。

> 孔子は晩年になって周易を愛好した。序卦伝、彖伝（上下）、繫辞伝（上下）、象伝（上下）、説卦伝、文言伝、雑卦伝の十翼をつくった。孔子は（文王と周公旦による）卦辞・爻辞を熟読して、竹簡を綴じた韋の紐が三回も断ち切れた。周易を学べば、人生に大きな過ちを犯すことはないであろう。

後世の弟子がつくった、孔子の言行録である「論語」には、「五十歳にして卦辞・爻辞を学べば、以て人生に大きな過失は無いであろう」という言葉が残されています。孔子は働き盛りの50歳前後から、卦辞・爻辞の根幹の一つである爻辞の作者である周公旦のインスピレーションを受けながら、十翼を創り、周易として新たな息吹を吹き込み、儒教を説かれたのです。

第五節　周易と十翼

　十翼とは、以下の十伝です。伝というのは、孔子がつくられたと伝えられる注釈、解説という意味です。

　①～②　彖伝（上・下）

　六十四卦各卦の卦辞を注釈、解説しています。

　文王がつくられた卦辞は、本来、占筮中心の言葉で、簡潔で、抽象的で、難解です。

　孔子が宗教的精神の注釈と解説を下して、卦辞の意味をもっと深く説明され、進歩的儒教の根本経典をつくられたものです。

　③～④　象伝（上・下）

　卦全体の象形の意味を説いた大象と、三百八十四爻の爻辞の象形を説いた小象があります。

　大象は、六十四卦毎の象形の意味についての注釈と解説を述べています。六十四卦は上卦の八卦と下卦の八卦の組み合わせで成り立っていますが、その上卦と下卦の八卦の象を事象にたとえた形によって宗教的精神に基づいて説明された、注釈と解説です。

　小象は、周公旦がつくられた六十四卦毎の各六爻、つまり三百八十四爻の爻辞が占筮の言葉となっていて、やはり抽象的で難解なので、孔子が宗教的な儒教の書として、注釈と解説を説いています。

　⑤～⑥　繋辞伝（上・下）

　経文（卦辞・爻辞）に辞を繋けて、易の総論を説明します。

第五節　周易と十翼　　　31

　象伝や象伝は一卦や一爻ごとに注解をしていますが、繋辞伝は周
易全体の注解であり、周易の総論とでもいうものです。

　宗教性、思想性を大切にして、易の思想の根本、易の成り立ち、
陰陽の原理、占筮の方法など、易の総括的な注解と解説を行ってい
ます。

⑦　文言伝
　　ぶんげんでん

　易の最も中心を構成する、乾為天と坤為地の二卦について、特に
詳しく注釈、解説しています。

　全体で約１千１百字ですが、そのうち800字が乾為天に関する教
えです。特に、この乾為天において、周易の中心的な教えの一つが、
「仁」であることを説きます。文とは「かざる」という意味で、乾
為天、坤為地二卦の偉大な徳を称えています。

⑧　説卦伝
　　せっかでん

　易の卦の意味、主として八卦の意義を説明する注釈、解説です。

　小成八卦の、乾、兌、離、震、巽、坎、艮、坤の八つの卦の意味
を、詳しく説明します。

⑨　序卦伝
　　じょかでん

　孔子の時代の約500年前に書かれた経文（卦辞・爻辞）は木簡や
竹簡に書かれていて、六十四卦はありましたが、きちんと整然と並
べられたものではありませんでした。孔子は六十四卦を儒教の精神
を込めて統括し、序次・序卦したものです。

　卦の上経三十卦と、下経三十四卦の配列の順序の持つ意味を説き
ます。

　周易の変化は無際限ですが、綜卦と錯卦の関連ある秩序に従って、

六十四卦を配列されたのが序卦伝です。

⑩　雑卦伝（ざっかでん）

　序卦伝の順序によらず、綜卦と錯卦の関連で序卦伝とは全く異なった発想で、六十四卦の卦の意義を簡単に説明しています。

　乾為天の卦で見ると、先ず文王の「卦辞」が語られ、すぐそれに寄り添うが如く孔子がその卦辞を注釈・解釈した「象伝」がフォローします。簡潔な卦辞を、孔子は象伝によって、儒教的教えとして息吹を与え、卦辞を忖度した意味を深く注釈、解説したのです。
　次いで、「象伝・大象」と、卦全体の「文言伝」が、文王の卦辞を、孔子が宗教性を大事にして、注釈と解説を行います。
　その後に、周公旦のその卦の六爻毎の「爻辞」が展開されます。その爻辞一つひとつに、孔子の「象伝・小象」が注解するという構図です。
　爻辞は六爻ごとの位に応じて、陰陽、応・比・承・乗、中、正など、新しい概念を孔子は与えられます。孔子は一人ひとりの修行者、阿羅漢に対する熱いエールを送ることによって、「易経」の言葉は次なる発展へと向かっていきました。
　384爻に相当する384人の修行者は、自らの業（カルマ）をかかえながら、来世の幸福を願って、魂修行に努力し続けているのです。

　乾為天と坤為地は「爻辞」ごとに「文言伝」が注解します。
　乾為天の卦で、卦辞、象伝、象伝・大象、文言伝を、また初九の爻辞、象伝・小象、文言伝をそれぞれ体系的に整理すると、以下の通りです。

第五節　周易と十翼

〔乾為天〕

【卦辞】乾は元まり亨り利しく貞し。

【彖伝】彖に曰く。大なるかな乾元、万物資りて始まる。乃ち天を統ぶ。雲行き雨施し、品物形を流く。大いに終始を明らかにし、六位時に成り、時に六龍に乗り、以て天を御す。乾道変化し、各々性命を正しくし、大和を保合す。乃ち利貞なり。首として庶物に出で、万国咸く寧し。

【象伝・大象】象に曰く。天行は健なり。君子以て自ら強めて息まず。

【文言伝】文言に曰く。元は善の長なり。亨は嘉の会なり。利は義の和なり。貞は事の幹なり。君子は仁を体すれば、以て人に長たるに足る。会を嘉すれば、以て礼に合うに足る。物を利すれば、以て義に和するに足る。貞固にして、以て事に幹たるに足る。

　君子は此の四徳を行う者なり。故に曰く、乾は元亨利貞なりと。

　又曰く、乾元は始まりて亨る者なり。利貞は性情なり。乾始は能く美利を以て天下を利して、利する所を言わず。大なるかな。

　大なるかな乾や。剛健中正、純粋精なり。六爻発揮して、旁く情に通ずるなり。時に六龍に乗じて、以て天を御するなり。雲行き雨施して、天下平かなり。

【爻辞】初九、潜龍、用うる勿れ。

【象伝・小象】象に曰く、潜龍、用うる勿れとは、陽、下に在ればなり。

【文言伝】文言に曰く、潜龍、用うる勿れとは何の謂ぞや。龍徳にして隠るる者なり。世を易えず、名を成さず、世を遯れて悶えること無く、是とせられずして悶えること無し。楽しめば則ち之を行い、憂えれば則ち之を違り、確乎として其れ抜くべからざるは、潜龍なり。

又曰く、潜龍、用うる勿れとは、下なればなり。

又曰く、潜龍、用うる勿れとは、陽気潜蔵するなり。

又曰く、君子は成徳を以て行いを為す。日々に之を行うに見る可きなり。潜の言たるや、隠れて未だ見われず、行いて未だ成らず、是を以て君子は用いざるなり。

　ここでは初九の爻辞、象伝・小象、文言伝を記していますが、乾為天の九二、九三、九四、九五、上九についても初九と同様の記述が続きます。また乾為天と坤為地のみさらに用九と用六が追加されて、陽を用いる道と陰を用いる道が説かれています。

　司馬遷の「史記」は、歴史的に非常に正確な記述に満ちています。

　司馬遷は、「史記」において、「孔子世家」を設けて、スーパスター孔子の圧倒的な、宗教的、精神的活躍を称えました。「史記」は、周易の十翼は孔子によってつくられた、と明確に記しています。

　十翼の内容は、その何れをとっても、深く易の道に造詣の深い、世に傑出した聖人でなければつくることができない宗教的な内容です。易全体を統合する霊的大局観、この世とあの世をつらぬく宗教

的構想力、圧倒的な天の世界を背景にする世界観など、かなりの悟りを持たれた大聖人にのみにしか許されない書であることは、間違いありません。

孔子の十翼によって、周易は当時の儒教の根本経典として、一気に宗教性、精神性を有した書として生まれ変わっていきました。孔子によって、当時、儒教が新しい宗教として産声を上げたのです。

現在の儒教は、形骸化して、礼や孝や忠など、小さな個別の秩序を大切にする教えのイメージがありますが、光の大聖人孔子が説かれた周易は、当時の思想界において、心の深層までに行き届く教えでありました。

「翼」とは、鳥のつばさという意味です。翼によってたすけるということです。たすけるとは、卦辞と爻辞の経文を、注釈、解説することによって、過去の文王、周公旦の説かれた経文の意味を敷衍し、注釈と解説を行って、経文の説かれている内容を、明らかに理解できる、たすけとする、という意味です。

儒教の根本思想の一つに、周易の思想体系が明確に存在していました。経文と十翼（伝）が、周易の全体です。

孔子はそもそも、第一に、中国文明の光は黄河に発し、その後、夏、殷を経て周初を迎えたことの誇り、そして第二に、文王、周公旦がこれを受け継がれたことへの感謝、また第三に、孔子は過去の偉人に対する確かな実績に対して深い礼の精神を貫かれながら、全く新たな宗教的な儒教を創造されました。このことを現代の私たちは尊敬しなければなりません。現代に至るまで、中国において、孔子を超える大聖人は一人も現れていません。

そもそも易は占いから生まれました。夏の時代は連山易、殷の時代は帰蔵易で占ったと言われています。しかし連山易や帰蔵易は今や伝わっていません。周易しか伝わっていません。

乾為天の「元亨利貞」に関して、文王・周公旦の易では「元いに亨る。貞しきに利し」というように占筮的な二句としていました。

孔子はこの四句を関連させて、これを一つひとつに分けて、説いたのです。

文言伝に説かれているように、「元亨利貞」は仁礼義智であり、また見方によっては春夏秋冬であり、因縁果報であり、変化変転、循環の理論を説きました。

孔子は、このように、易を占筮の世界から、精神性のある思想の書として確立されました。

包犠には包犠の易があります。文王・周公旦の易には文王・周公旦の易があります。孔子は文王・周公旦の易に基づいてはいますが、そこにはまた違いがあるのです。文王・周公旦の占筮の易は、孔子によって占筮を離れた思想書として飛躍していったのです。

孔子は、国が政治をしていく上においては、理想が大切だ、ということを常に説かれました。

そして、理想国家を実現するための方法論として説かれたのは、「先ず、人々の一人ひとりの心の中に、理想の国を築きなさい。理想国家は、先ず人の心の中に築かなければなりません。人の心の中に理想の国ができ、社会の中に理想の国ができ、やがて、国全体が、理想国家になっていくのです」ということでした。孔子は、こういったことを常に説いておられたのです。

第五節　周易と十翼

　孔子の教えは、時代を遥かに超えていました。孔子はいつも「天」ということを教えられて、天の道に適う君子の道を説かれました。孔子の「天」という言葉は、天帝であり、地上の帝、地上の帝王のことではありません。

　孔子の思想は、要するに「君子をつくる」思想です。当時の君子とは、絶大な権力を有する天子を補佐し、天子に代り多くの人々を教え導く大切な役目を行う、天から選ばれた者です。従って、君子は時には地位の高い人を意味することもありますが、多くは徳の高い人のことであり、世を導く一流のリーダーのことです。

　孔子は、常に人は天に恥じない生き方をして、君子になれ、と説いていました。孔子は、道から外れない人たちをつくり、徳によって国を治め、争いのない平和な世をつくろう、とされたのです。

　国が治まり多くの人々が幸福になるというのが、時代を超えた一貫した国の在り方です。易も、君子の徳を一貫して説いています。中国の教育の根本は、君子をつくることに帰着するのです。易を理解するためには、先ず、この大きな天地に通じる、根本的な精神を理解しなければ何も得ることは出来ません。

　現代的には、君子とは、愛が深く、他人に対して優しく思いやりがあり、天を知り天の心を理解できて、天の貞しさを常に基準として新しい自分をつくり直すことに努力して、常に発展し続ける姿勢を有する、という非常に志の高い人間です。

　現代においても、結局、このような方々が、世を導くリーダーであることは間違いありません。このような方々が何時の時代におい

ても世を導いているのが人類の歴史です。あの世の高次元の精神が
この世の精神をつくっています。

　私たちの易のアプローチは、今から約2500 〜 3000年前に書か
れ残された文字に頼るしかありません。丁寧に言葉の意味を解釈し、
「易経」の光を求めるアプローチが基本です。易の言葉の本質を探
究することしかありません。

　周易が経文・十翼の体裁を整えていた当時の約2500 〜 3000年
前の頃は、時代に適合し、かつ細部に至るまで実にピカピカに輝い
ていました。経文と十翼が見事に調和統合された時代から約1700
年後、現代から約800年前の宋の時代に、印刷技術が当時の易文に
革命を起こしました。そして、周易はその当時、最も正当な筋を引
いている易文を印板にしました。この宋の印板文によって、その後、
周易は、恣意的に変えられる隙間を与えられることなく固定化され
て、その後の、訓詁学のベースになりました。

　つまり、周易は、孔子の春秋戦国時代に形が整えられた全巻、竹
簡の原本から、秦・漢帝国、魏晋・南北朝時代、隋・唐帝国と、実
に永い時代に、あらゆる地域に、人から人へ、家から家へとつなが
り、夥しい人々の謄写、書写によって、連綿と伝えられてきました。
その間、周易は或いは乱雑に扱われ、或いは錯乱が甚だしくて、原
本の本意は、一部、毀損されます。勿論、原本をそのまま正確に伝
える書など、今や存在していることなど、あろうはずはありません。

　周易は、武内義雄博士（1886~1966）によると、押韻で美しく飾
られています。特に、孔子のつくられた十翼は、一人の偉大な大聖
人によって、天の言葉が降ろされていて、韻文と散文がきちんと分
けて整えられて、全体が実に美しく、煌びやかに輝いていたのです。

第五節　周易と十翼

　卦辞と爻辞は、多くは韻文です。一部、散文が混在しています。
象伝と小象は、大体が韻文です。大象は散文です。

　周易は陰陽二元で成り立っていることは一見してわかりますが、
文王と周公旦がつくられた卦辞と爻辞においては、陰陽という言葉
はなく、その種の言葉としては、大小とか剛柔を用いています。大
が陽、小が陰、剛が陽、柔が陰です。

　ところが十翼においては、それがはっきりと陰陽という言葉に
よって分かり易く説明されています。周易本来の思想が、孔子の時
代に、哲学的な展開に発展を遂げていくのです。

第四章　この世とあの世とは何か

第一節　孔子の偉大な悟り

前にも述べましたが、大聖人の悟りとは、次の三つの条件を満たしています。

第一　どのような人にも対機説法ができるような、縦横無尽な法を悟っていること。

第二　創世記についての悟り、すなわち、宇宙のなりたち、地球の歴史についても悟っていること。

第三　あの世の、多次元世界の法則について悟っていること。

しかしこれは、あまりに大きな大聖人の悟りです。普通の人間にとっては簡単にこの大きな認識力を全体としてとらえて認識出来ないほどの大きさを含んでいます。とはいえ、この大聖人の悟りを背景にして、人間の修行向上の面で考えると、孔子が教えるこの世で修行する最低限の教え、悟りとは何かを探ることは出来ます。

特に第三の悟りに関しては、次の三点は少なくとも抑えるべきポイントであることを私たちは悟らなければなりません。

①人間は本来この世における肉体人生がすべてではない。
　人間は、魂修行をするために生きている。

この世においては、魂は肉体のなかに入っている。

この魂がこの世とあの世を貫いて無限の転生輪廻を繰り返しながら永遠の魂修行を行っている。

②あの世はある。

この世はあの世の世界から見ればほんの一瞬の出来事。

その一瞬の数十年のこの世の与えられた魂修行において、魂が向上したのか堕落したのか、その一点によって来世の天国・地獄の世界が厳しく決められる。天国の世界は実に豊かな世界であり、数限りない階層が用意されている。

③この世とあの世を貫く法則は縁起の法（善因善果・悪因悪果）である。

縁起の思想の延長上に天国・地獄の思想がある。

諸行無常・流動的立場で、善きことをやり続けなさい、と教える。

第二節　この世について

1　食

第一にまず、この世の人間は、自主的に一人ひとりが食物を食べて、その食物エネルギーを自身の内臓器官をもとに消化吸収し、精と気と血を備蓄しながら、生き続けるという、この世の仕組みを天帝は創造されました。

この世においては、魂が肉体に入ります。そして、この世の肉体部分については、その生命エネルギーを食物から得る、という神仕組みをつくられたのです。この食物エネルギーは、太陽エネルギーを根源としています。太陽のエネルギーを受け、それを吸収したあ

らゆる植物や動物たちが、長年にわたって大地に生息していきます。人間には、その植物や動物の恵みから、食物エネルギーを得る仕組みがつくられていきました。

　天地のエネルギーは、天の陽の太陽エネルギーと、それを従順に受け入れる陰の地の作用によって、流れていきます。人間は、天地間の陽と陰の働きによって、あらゆる地上での営みが繰り返し行われ、生かされてきたのです。このように、人間が生きていく根源の食物の源泉には太陽エネルギーがあります。

　東洋医学には、陰陽五行、五臓六腑の思想があります。

　食物は、陽の臓器をかけめぐります。胃から入った食物は、次に、小腸、大腸、膀胱へと六腑をかけめぐります。そして、体内から消化物は体外へと排泄されます。六腑は空間のある中腔の臓器です。つまり、胃は水穀の消化吸収を行い、小腸は水穀をさらに消化し、大腸はさらに消化したあと大便を肛門から排泄します。膀胱は貯尿し排尿作用を行います。

　一方、五臓は陰の臓器です。精、気、血を備蓄して蔵するという機能をもちます。肝臓は蔵血を司り、心臓は五臓六腑全体を統括し、血脈を司ります。脾臓は血が順調にめぐる作用などの統血を司り、肺臓は呼吸や気を司り、腎臓は精を蔵して、水を司ります。

　人間は、この五臓六腑の働きにより、70才の人間ならば、実に２万５千日以上に及ぶこの営みを原則三食食べながら、毎日毎日繰り返して、それによって肉体を生存していく仕組みを、天帝は創られました。

　この世の人間は、生れてから死ぬまで、食欲によって生存が許されます。

第二節　この世について

生れたばかりの赤ちゃんは、先ず、2〜3時間毎に、20〜30ccの母乳やミルクを貪るようにごくごくと飲んでくれます。小さな口で力強く吸引します。そして、一段落してお腹が安定したあと、また2〜3時間経つと、小さな明るい泣き言を発して、次なる母乳やミルクを求めます。食欲が赤ちゃんを支えます。人間は、小さな赤ちゃんの時代から、本能的に食欲からこの世的な肉体生命を与えられる人生を始めます。赤ちゃんの本能的な母乳を求める心は天帝（創造天）のはからいがあるとしか思えない世界です。

2　性

第二に、この世においては、天帝は、男性と女性の二つの個性を明確にして、生きていきなさい、という世界を創造されました。

この世において、人間は男性としての個性で生きるか、或いは女性としての個性で生きるか、あの世からこの世に生れるに当たって、天から男女の使命、個性を与えられたのがこの世の人生です。

この世においては、十代の後半くらいになると、真剣に異性へのおもいというものが人間の心をとらえて離れなくなってしまいます。まるで磁石か何かのように、男性は女性の心を、女性は男性の心を縁として、一日中頭を悩ませることになります。これは非常に不思議な感情です。

人間は、実に永い転生輪廻の過程で、この世においては、或いは男性に生まれ、或いは女性に生まれ、魂が無限に発展できるこの世の三次元世界の道を与えられました。そして、女性には子供をつくる力が与えられて、両親の縁起によって肉体という乗り物に魂が宿り、子孫が繁栄し、何度も何度も魂修行をなすことができるようになっているのです。これも大いなる天帝（創造天）の発明です。

男女には当然のように、陽と陰が引き合う関係ができます。絶妙

の神仕組みです。同時に、この世の人生においては、性欲がたまらなく亢進する人生がつくられています。男女という二種類の生き物が創られたのは、男女がともに協調しながら、ともに手を携えながら、素晴らしいものをつくっていきなさい、という天帝のはからいなのです。

生れたばかりの赤ちゃんには、男女の性別が刻印されています。男性として、あるいは女性として、この世の人生を生ききる役者としての男女の舞台が与えられるのです。

今世、男として生れても、あるいは女として生れても、偶然ではなくて、必然の結果（縁起の法）で男女の性別のもとで、この世を生ききりなさいというミッションが与えられます。

これも天帝のはからいが及んでいる世界です。

3　睡眠

第三に、この世においては、一日のなかの一定の周期で睡眠をとり、肉体と魂を休め、生きる活力を生み出していきなさい、という神仕組みを創られました。

睡眠などとらなくてもいい肉体ならば、どれほどよく働けるか、どれほどよく勉強できるかと思います。しかし、人間も動物も、睡眠を欲するようになっています。一見、無駄なように見える睡眠ですが、実は活力ある人生を毎日生きていくために、どうしても必要な営みであることが分かります。

弦楽器の弦は、いつもピンと張っていると切れやすいのですが、ときどき、その弦を緩めてやることで、切れにくくなり、さらに弾きやすくなるのです。同様に、適度に緩める機能があるということ自体が、人間の幸福を増進させているのです。

生れたばかりの赤ちゃんは、とにかく、よく寝ます。この世に生

を受けたばかりの赤ちゃんは、とにかく霊的エネルギーを受けなが
ら、小さな肉体一杯に、大いなる天の光を受けているのです。ほと
んどの時間を睡眠して、自らの小さな肉体を休め、次なる発展に備
えています。

そして、この世においては、人間は、睡眠することによって、見
えない世界からの応援を受ける仕組みを与えられています。

4　三欲の肯定

宗教においては、食欲、性欲、睡眠欲の三欲を否定する教えが数
多くあります。

断食して食欲を我慢する修行とか、異性との接触を断つ修行とか、
或いは寝ないで坐禅する修行とか、あの世に行った時のことをこの
世で体験してみようという、霊的な修行です。霊的な自覚を持つた
めに、先ず、この世的な力を否定しているのです。

しかし、それを再び、百八十度、引っくり返してみると、実は、
そういう食欲、性欲、睡眠欲のこの世的な力もまた、生きていく力
であり、霊的な力であることが分かります。生命の力というものは、
実は、霊的な力ときわめて共通したものなのです。

これは、同じ力の裏表なのです。この世で生きていく力がなけれ
ば、霊的にも力は失われていきます。生きていく力、仕事をしてい
く力、他を豊かにしていく力は、また、この世の力でもあるのです。

第三節　あの世について

あの世の世界は確実にあります。そしてあの世こそが人間の魂の
本籍の世界です。この世で生きている数十年の肉体人生というもの
は、無限の転生輪廻のなかでは、ほんの一瞬の夢、あるいは一時の

旅行にしか過ぎません。人間は、永遠の生命、不滅の魂を有しています。そして、何千年、何万年、あるいは、それ以上の永い永い歳月を、魂として、この世とあの世を行き渡って、生き続けているのです。この転生輪廻の秘密こそ、天帝がつくられた最大の幸福論なのです。

　死んであの世に還ったならば、肉体はないので、食欲や性欲や睡眠欲から解放されます。特に、高次元の世界では、肉体から解き放たれた魂は、食・性・睡眠の三欲から解放された生命を生ききることになります。

　あの世の上段階にいる人たちは、自分たちを生かしている光の根源がどこにあるかを知っています。天空には、一つの大きな太陽が昇っています。これはあの世の霊太陽です。あの世の霊太陽の本質とは、この世の三次元世界の地球を照らしている太陽がありますが、霊太陽は、実はこの太陽の霊的生命体なのです。

　人間の肉体の中に魂が宿っているように、また、地球という大きな球体の中に、地球意識という偉大な魂が宿っているように、太陽のなかにも偉大な霊体が宿っています。すなわち、物質的に光を放っている太陽の奥に、霊的に光を放っている霊太陽があります。あの世の世界における霊太陽は、実は地上にさんさんと光を降り注いでいる太陽の霊体です。霊的太陽があの世の世界を照らしているのです。

　霊太陽の霊的エネルギーと、この世の太陽の光エネルギーとは、実は同じエネルギーの裏表です。この世に物質化して現れる場合と、物質化しない場合という違いだけで、エネルギーとしては同じものです。これは実は、霊的エネルギーと、この世的エネルギーのあいだを、行ったり来たりしているのです。そのようなことが起きるの

第三節　あの世について　　　47

は、霊太陽のエネルギーと地上の太陽のエネルギーとが表裏一体の
ものであるからです。

　霊太陽から出ているエネルギーは、この世の太陽の光エネルギー
と一体化して、大宇宙のなかを進んでいます。霊太陽のエネルギー
は霊界に生きている万物を満たし、この世の太陽光のエネルギーは
植物や動物たちを養っています。そして、その二つのエネルギーが、
共に裏表になりつつ、二つになり一つになりしながら、大宇宙のな
かを巡っているのです。

　死んであの世に還ったならば、肉体がないので、この世において
肉体をつくる必要のある食べ物を食べる必要はありません。すなわ
ち、この世の三大欲の一つである食欲は、あの世では実際には存在
しないと同じなのです。あの世でのエネルギー源は霊界の霊太陽そ
のものです。

　性欲も、やはり、この世のものです。性欲はあの世の高次元にい
くほど、それは薄れてきます。特に高次元霊界になると、もう男性
でも女性でもありません。あるいは、男女兼用であり、男女の性別
がないのです。したがって、性欲そのものもあの世では肉体がなく
なるので存続しないものなのです。

　睡眠欲については、この世においては、睡眠は、人間として一日
に八時間ぐらいは欲しいところです。ただ、あの世の霊人は眠るこ
とはありません。あの世は、一日中、霊太陽が輝いています。いつ
も昼間です。眠ることはありません。気分として、"体を休める"と
いうことはありますが、睡眠自体を取ることは、あの世ではもうあ
りません。

　古今東西、あの世は、天使的な存在と悪魔的な存在について語ら
れています。それは文明国であっても、発展途上国であっても、同

じです。なぜかといえば、現にそうした存在があるからです。

　天使とは、高級霊の世界です。一方、あの世の低級霊界の一部には、地獄の世界があり、この世の肉体中心の生活をして、無神論、唯物論、左翼思想、邪宗教、金銭欲、色欲、出世欲、名誉欲など、この世がすべてであると錯覚して、自分の魂を悪魔的な存在に譲り渡して、あえなくも地獄に赴いている霊も数限りなくあるのです。

　人間には、あの世の世界が確実にあり、永遠の生命を有しており、転生輪廻しながら魂として生き抜いているということは、それぞれの人間に過去世があるということです。

　つまり、この世においては、両親との縁起によって、肉体という乗り物に魂が宿り、子孫が繁栄し、何度も何度も魂修行ができるようにつくられています。そして、人間には、過去世の地上経験を経て、その人の業（カルマ）、魂の傾向性というものが出てきます。転生の課程で、その人の魂にとっての特徴が、長所や短所として、はっきりと出てきます。あの世の世界があることによって、魂は過去世のカルマの刈り取りをするために、自分の魂を磨くために、敢えて自分でこの世の悪しき環境を選んで転生することもあります。

　しかし、また、この世においても同じようなことにとらわれて、同じような間違いの人生をおくる人も数多く存在します。カルマには長所や短所があり、悪しき煩悩に基づくカルマは払拭するのが魂の使命です。しかし、良きカルマを発展させていくのもまた、転生の秘密です。

第五章　孔子の「仁」「礼」「義」「智」の思想

第一節　「仁」の思想とは何か

　孔子の思想の中核は何かと一言で言えば、「仁」の思想であると言えます。「仁」という言葉は、孔子の発明と言われています。仁の徳とは、現代的には愛の徳と言い換えることができます。

　仁の字は、「人と二」が組み合わさった会意文字と言われていますが、二人の人がそれぞれの立場の中において相親しみ、相愛し合うことを表わしています。二人とは陰陽、男女など、天が陰陽を分け、男女を分ける創造を行われたことによって、一旦、立場が分れたものが、その後、互いに引き付け合うという「愛の原理」をつくられたのです。個人的には、陰陽、男女などは、互いに相引き付け合うことによって、バラバラに生きていくのではなく、互いに結び合い一体化していくことの愛、を基本にする仁の徳が説かれました。

　しかし、孔子の「仁」の思想は、さらに高次な仁徳を求めます。徳ある人間の生き方としての「仁」は、個人の愛を超えて、「人をいたわる心」、「慈愛の心を持って生きよ」という高次の愛を孔子は求めました。孔子の教えを一言で言えば、「仁」です。これが孔子の儒教の精神的な宗教的な部分です。

　「仁」とは、あまねく人を愛することです。キリスト教でも説かれていますし、仏教では釈迦が慈悲を説いていますが、孔子は儒教の中心的な教えとして、「仁」の教えを中核に据えました。

儒教の「仁」の心は利他の心です。この宗教的な教えが人にとって極めて大事な教えでありました。

孔子は文言伝のなかで、乾為天の卦辞「元亨利貞」から、元は仁、亨は礼、利は義、貞は智の四つの徳を説かれました。信と勇の六徳を説くケースもありますが、私は敢えて「元亨利貞」の四徳におさめるとすれば、信の徳は礼の徳のなかに、勇の徳は智の徳のなかに含まれていると思います。

易は六十四卦の、一番最初の卦の、乾為天の卦辞の「元亨利貞」の、一番はじめの「元」の徳を、仁の徳としています。そして、仁の徳が一番トップの徳であるということは、「元」のはじめ、物事の始めは仁の教えであり、儒教はあらゆるものの善の長、最も始めの一番頭のトップの教えが、仁の徳であると、初めのはじめに説かれたところからはじまったのです。

人間はこの世に生を受けて生きるなかで、結局、天のエネルギーを私心のために費やすなかれ、仁の利他の精神で生き抜けよ、という一番元めの教えから、周易ははじまる、と孔子は説きました。万物を創造するはじめのエネルギー、天の善かれという愛の創造エネルギーは、結局、仁のエネルギーであることを教えます。

文言伝に「元は善の長なり」「君子は仁を体すれば、以て人に長たるに足る」とあります。

世の中のリーダーたる君子は、仁の徳を体現することによって、大勢の人の上に立つ長として、多くの人を率いていく役割を天から与えられる存在になれるのです。人はこの世の人生を行き渡る中で、知識や経験や認識力などにおいて実に多くの差が出てくるのが現実ですが、その中で結局、人は仁（愛）の精神を体得することが最も

大事なことである、と教えます。

　仁の徳は、世の中のリーダーである君子が、あらゆる善を生み出す愛の徳、世のため人のために与える愛を実践する徳です。

　このように仁の徳は、天がはじめに、善くあれ、と思われた根源の念いと同じ念いであり、その天の念いに同通して、その念いに近い人ほど、天下のリーダーたる君子としてさらに天のご支援を受ける存在となれるのです。すなわち、仁の徳を持つ方の本質は宗教的精神です。

　つまり、この世の生き方の中で、より高い霊的覚醒を得た者が、まだそこまで至らない者を導くというシステムが、この世においては、厳然として存在します。宗教的に人に愛を与えることの大切さを実践できる霊格の高い高級な魂である君子こそが、多くの人々を愛の精神で指導することによって、人類は発展することを許されてきたのです。

　儒教は時代を下れば「訓詁学」になってしまうところがあります。字句の解釈のみを厳密に行って、宗教的、精神的な考察が二の次になってしまうのです。

　儒教の教えは多くありますが、基本的には「仁・礼・義・智」の精神を守っている人、あるいは徳の発生原因である、「仁・礼・義・智」の精神を積極的に実践して生きている人は、基本的に、あの世に還っても、徳高い世界に還れる条件です。

　こういう「天の心」について説いて、魂を浄化させて「高度な精神性」を持つ人間を目指したことが、儒教の教えの中心であったのです。

　「仁・礼・義・智」を学問的にやっていて、情報レベルでやっているところは、その本物性が問われます。「神」とか「徳」とか、昔

の人が言ったことを信じられないような人は、基本的に、この世的な機械類とかによる、便利さの方の信仰が立っていると思います。

儒教は、全体的に、いろいろな教えの中で、どうやったら小さな家庭の幸福完成から、社会のまとまり、さらに、国の統一、扶助安定、平和、人々の繁栄といったものが来るかということを、論理的に作り上げる思想でありました。最終的には、儒教は、理想国家論まで行かないと収まらなかったのです。

従って、「仁」の心を持ちながら、理想国家論を説く孔子は、個人の「仁」の思想を説くことが、同時に、君主にもそれを説かねばならなかったわけです。

孔子は、「理想的な天子のあり方」ということも同時に説いています。「天子の徳」を強く説くことは、結局、個人としての「仁」のあり方を説くことであり、それは同時に、社会の構造をどういうふうにつくっていくかということの大事さについて、礼楽を通してやるべきだということを説いて回りました。

「元亨利貞」と続きますが、「元」の「仁」の徳は、「亨」の「礼」の徳を包含します。「礼」の徳は、「仁」の愛の心が基礎にあってこそ行われるものです。

愛の徳がなくて、「礼」の徳は成り立ちません。他人への愛の念いがなくて、たとえば自分の欲得のために礼を尽くしたとしても、そのような「礼」は相手に通用せず、相手には迷惑だし長続きせず、人の心に決して伝わることはありません。

そして、「仁」の徳は、「義」の徳も包み込んでいます。「義」の徳とは、善し悪しの筋道が正しいことです。必ず善の長たる「仁」

の心が底辺にある徳です。

「義」の徳の実践とは、愛のある人間であり、冷たい人間の実践とは遠い行為です。愛の心で善悪の正義を見抜き、愛の心で善悪を判断するのです。道理一本で物事を判断する理性の人は、時に冷たい人間になり勝ちですが、あくまで愛の心で義を行なわなければ、多くの人を納得させることは難しく永くは続きません。

次に、「智」の徳もまた、「仁」の徳、愛の心が基礎にあって成り立つ徳です。人々を幸福にする愛のために、智を使わなければなりません。人々を不幸にする智は、絶対に用いてはなりません。

このように、「仁」の徳は「元亨利貞」の「元」の徳ですが、天の根源的な「善かれ」という念いを長として、その起源を先ず始めのトップとして体現した徳です。人間の全ての善の長の徳です。

「仁」の徳は、人間として最も根本となる元めの中のはじめにある徳であり、この愛の徳によって、人は天の力を得て、ますます向上発展出来るという秘密があるのです。

孔子は仁（愛）を儒教の教えの中心としてお説きになりましたが、同じく大聖人であるキリストも愛の教えを中軸にした教えを説かれ、また釈尊も慈悲（愛）の教えを仏教の柱の一つに据えられました。大聖人がそろって「愛の教え」を説かれたのは、「愛の教え」が最強の教えであるからです。

人間は、無限の転生輪廻を行い、この世とあの世とを行き来している存在であり、あの世が本籍であり、この世は仮の世界です。そして、この世に生れる目的は、新たな肉体的な魂修行をするためです。

人間はあの世においても魂修行をしていますが、この世は不自由な肉体をまとって魂修行をすることによって、あの世での修行よりも十倍の価値がある修行をしていると言われています。

人は、この世において目に見える肉体的、物質的な面にのみ囚われる、誤った考え方に引きずられて、魂修行にとってマイナスになる思想をもち、悪しき行動に走りやすい傾向を内在しています。

「神も仏もあるものか」とか「お金や財産が全てだ」とか「自分さえ良ければいいのだ」とかいう、無神論的、唯物論的、自己中心的な思いや行いは、悪因悪果の縁起の法によって、必ず100パーセント、裁きを受けることになります。

わずか数十年のこの世の人生を送るなかで、悪因悪果で、あの世において数百年の地獄人生を送ることほど、割の合わない生き方はありません。

周易を学び、仁の徳を涵養し、愛を与える実践に精進すれば、この世においても善因善果で幸福を呼び込む事は勿論、あの世においても素晴らしい天上界に還れることができるのです。

第二節　「礼」「義」「智」の思想とは何か

1　礼

「礼」は禮です。禮という字は、示（祭壇）に形よくお供え物を盛ったさまを表わしている会意文字です。「礼」の徳とは、この禮の姿のように、人間が形よく社会の秩序を守るために天に対して心からの礼の精神で正しく行う徳です。そして「礼」の徳こそが、偉大な人格をつくる基礎となるという教えです。

第二節　「礼」「義」「智」の思想とは何か　　　55

　文言伝は、「亨は嘉の会なり」「会を嘉すれば、以て礼に合うに足る」と説きます。
　嘉とはよいこと、幸福なことです。会とは集まることです。嘉の会とは幸福なこと、善いことが集まるのです。
　「亨」というのは、天の働きが時間的に、空間的に現象として如何なるところにも現れて、善いことが集まるのです。天の働きはあとからあとから「元亨利貞」として続いていきます。どこまでも続いていく中に「元」に続いて「亨」となり、万物が充分に伸びて盛んになり、善いことが集まるのです。
　あらゆる善きもの、美しきものが一緒に集まって会しています。善いことが集まりさらに嘉美が重なる精進を続ければ、これが礼に合致し適うことになるのです。

　「礼」の徳は、礼儀作法のような小さな意味ではありません。
　天地の法則にならって、一流の指導者がこの世の政治や経済や社会全般にあるべき規律や秩序を定めることです。勿論、礼儀作法も非常に大切ですが、本来の礼の徳とは、社会の規律や秩序を求める徳です。
　亨るということは、天の善い働きがどこまでも続くなかで、一流の指導者たる君子に社会全般にあるべき規律や秩序を定める礼の徳があるからこそ、万事が滞りなく進むのです。

　「元亨利貞」はまた春夏秋冬です。「元」にはじまった天の春の創造エネルギーは、夏の「亨」の時を迎えます。夏の繁茂の時を迎えるのです。あらゆるものは伸びやかに、盛んな活動を始めます。「亨」は夏において盛んに伸びて通る個性を持っています。「元」の

春に始まって「亨」の夏となり華やかに美しく万物は展開します。

　しかし、万物が盛んに活動を始めた時に大切な精神は、自分だけが勝手に繁茂が許されるものではなく、大きな調和のなかで繁栄する礼の精神を忘れてはならないのです。夏の一時期の元気な働きが非常に盛んに行われても、小さなエゴイスティックな世界に留まると、暫くするとたちまち全体が阻害されてしまいます。そこで「礼」の徳が必要なのです。

　夏の盛りは、華やかで美しいものに彩られて百花繚乱に輝くシーズンです。しかし百花繚乱の姿は、決してバラバラではありません。大きいものは大きく、小さいものは小さく、あらゆる文物は何千万、何億、何兆という輝く個性を発揮しながら、全体として天地の創造の光の中で、天地の作法のもとで、一糸乱れぬ統制の取れた輝きを有しているのです。礼の徳は、天地が一糸乱れぬ活動に呼応していくことが理解できる人としての大切な徳です。

　一流の指導者は、天地が全体の秩序を整然と維持している偉大な造作を見抜きます。そして、宗教的精神で天地の秘密を悟り、多くの人々を導く礼の徳によって、最高、最大に人を生かせることが出来る君子となれるのです。

　全体は個々の集積です。個々の一人ひとりの人間にとっては、先ず自分の上位に当たる方、優れた方に対して礼をもって接することが、大事です。親子、男女、上下関係などの根本的な関係において、一定のきちんとした折り目正しい心と行動を大切にする、秩序を愛する心も、礼の大事な精神です。この「礼」の徳の根本に、実は偉大な天の秩序を敬う「礼」の精神があることを抑えておかねばなりません。

　人間としての「礼」の徳は、魂の高貴さとしてその姿を表します。

第二節 「礼」「義」「智」の思想とは何か 57

　一つは品性であり、一つは折り目正しさです。品性と言うものは、そう簡単にはつくり出せるものではありません。永年の精進の結果出てくるものです。結局、その人の心の方向性が聖と俗のどちらを向いているかが品性の大事なところです。また折り目正しさも、やはり日頃の精進が自然に滲みだしてくるものです。

　孔子は、儒教の教えのなかで、「年功序列、長幼の序」の調整の原理を説かれました。「素質にそれほど差がないのであれば、長い経験を持っている人のほうが知恵は多いだろう」という推定が、年功序列の考え方の根拠になっています。
　個人が求めている向上・進歩の原理を、全体の利益のために調整・調和する原理が必要なのです。

2　義

　「義」とは、正義の義であり、大義の義です。つまり、「義」とは義（ただ）しさであり、すじ道です。物事の是非善悪を分かつ力、是非曲直を知る力です。これが義です。物事が天に対して本当に正しいことであるのか、正しくないことであるのか、を分別できる力です。
　「義」とは言葉を変えていえば理性といってもよいでしょう。道理やすじ道を見極める力です。判断力という言葉でもよいでしょう。善悪、正邪を分ける判断力は、指導者にとって非常に大切な徳目です。

　文言伝は「利は義の和（わ）なり」「物（もの）を利（り）すれば、以（もっ）て義に和（わ）するに足（た）る」と説きます。
　「利」とは天の働きがさらに循環して事実、実績として現れて、すべてのものを利するのです。そして、「利」は善悪の筋道が正し

いことによって、天の念いの利しきところに適って、人が天地と和合、調和することによってのみ、善い成果が現れるのです。

　万物は各々その義を得てよろしきところを得て、決して他を妨害することなく、しかし自己の本分を天の筋道の正しさに求めるところに、結局すべての総和としての「利」のよろしきところの発展形があるのです。

　このように人として万物を利する道を天は与えられていますので、君子の道で言えば、善悪の筋道を守り、上に立つ人も下に立つ人も、人間としての義の徳、天地の正義の大調和を守ることが大事です。

　易では一貫して正義、大義を求めます。「義」の徳は天が望まれる正しさです。言い換えると、天が望まれる正義や大義を確固として判断できる理性の力です。

　易は、「元亨利貞」の三番目の「利」が「義」の徳であるとします。「利」は禾（いね）と刀でできている会意文字です。稲束を鋭い刃物でさっと切ることを示しています。「利」は稲の収穫を象徴する秋の徳です。天の働きが春から夏になり、秋を迎えます。秋は「義」の精神が地上に現れるときです。

　すべてのものが天から利益を与えられる機会を得る時ですが、天から与えられる利益は「義」の徳を持っている人に豊かに与えられるという厳しい法則のもとでの「利」です。万物はあるべき天地の大義をよろしく受け止めて、その結果、大きいものは大きく、小さいものは小さく、一つひとつの個性はその努力に応じて各々そのよろしい姿を発揮する調和のなかに存在するのです。しかし、間違いなく、天の大義を持つ者が大きな収穫を利するのです。

　「義」の徳とは、天が本来考えている正義、大義を、一人の人間

第二節 「礼」「義」「智」の思想とは何か 59

として素直に従い実践できる徳です。天が願う判断はかくなるべし、という考えを持っている人は、一時期、正反対の挫折などの現象に見舞われることもあります。一時期後退し、一時期挫折するように見えることもありますが、やはり究極において多くの人々の心を集めるのは、この義の徳です。或いは一時的に成功することがあっても、一時的な偶然の成功と言うものは、決して永く続きません。「義」の徳の利しきに叶うことがなければ、本当の素晴らしい結果は訪れません。人は最終的には、「義」の徳を持つ君子に感応して集まってきます。一流の指導者たる君子は間違いなくこの「義」の徳を持っています。

　理性的な判断、正邪を分ける力をもつ「義」の徳の修行は実に難しい修行です。個人的な面での正しさや間違いを正す修行もあります。さらに、大きな目で見た社会の正義、大義を見抜く修行は非常に難しいものがあります。途中で自分の自我や我欲が出て、判断を迷わされ曲がり、理性を失わされることが多いのです。しかし一流の指導者になるためには、宗教的精神が求められます。天の正義を体得する精神は実は霊的な精神であり、俗なる精神はあり得ないのです。

3　智

　「智」の徳は一流の指導者にとって、非常に大事な精神です。「智」の徳とは、物事をよく知っていることのみではありません。宗教的知性です。

　人間の心をよく知っている深い霊的洞察力、煩悩を断ち切る力のある般若の智慧です。人情の機微に通じて細かいところまで心が読めるこの世的智慧を超えて、天のつくられた世界の情報を理解出来

る徳目が智の徳です。

　宗教的に覚醒された方に許された智慧です。

　文言伝は「貞は事の幹なり」「以て事に幹たるに足る」です。

　「貞」とは、貞正、貞常、貞固の三つの意味があります。天の働きは、あくまでも正しく、あくまでも常であり、あくまでも固いという、天を畏敬の念で表現した意味です。これが万事すべての物事の根幹です。それを見抜くことが智の徳です。

　「事に幹たるに足る」であり、智慧の徳は一時的な思い付きではなくて、智が固く物事の根幹を形成しています。万事の根本の智の徳が次なる「元亨利貞」の基礎をつくります。創造の循環の基です。智の徳がまた新たな次なる根幹の光を蓄積するのです。

　君子、一流の指導者は、多くの人々を生かしていくためには、どうしてもその道において、普通の人たちを圧倒するほどの知識、経験、そして叡智とでもいうべきものが必要になります。別の言葉で言えば、霊的直観力といってもよいでしょう。物事の本質を理解できる智の徳が、一流の指導者、君子としての条件です。物事の本質や人の心を理解する力がなければ、どうしても人を使うことができません。「智」の徳とは、人を生かす愛です。物事の本質を理解し、人を生かす愛の実践が智の徳です。

　「智」の徳は別な面から言うならば、類い稀なる創造力です。次から次へと新たな発想を生み出し、創造的な仕事をしていくための力です。これが混沌の時代を漕ぎ渡る時にどうしても必要な力です。常に創造力が豊かな方は異分野や違う世界のことをよく知っています。

第二節　「礼」「義」「智」の思想とは何か

　易は「元亨利貞」の四番目の「貞」を「智」の徳に当てています。

　春夏秋冬で言えば貞は冬です。来るべき春を迎えるために固い種が冬に耐えています。エネルギーをしっかりと地底に貯めています。

　「貞」には、動揺することなく堅固に行うことが物事の根本である、という意味があります。つまり、何事を為すにも、天意のもとに、正しく、常に、堅固に、動揺することなくしっかりと行うということが、智の徳です。物事は間違いなく、「智」の冷静沈着な徳によって、物事を大きく判断する根幹をつくります。智慧の力で是非善悪を明かに弁別する力を得て、正しくまっすぐな判断を行うことができます。「智」の徳によってあらゆる物事がうまく回転して解決されるのであって、変化していく中で、決して動くことのない「智」が、あらゆる物事の根幹となるのです。「貞」の「智」の徳によって、まっすぐで動揺をしないことが、人生の修行の根幹です。一切の物事の根幹は、正しく天意を聴き当てる智慧の力を持つことです。天に対してまっすぐで堅固で動揺しない智慧の力を持つことです。

　易の六十四卦の本文である卦辞のなかで、実に三十一卦に「貞」が説かれているところに、天の正しさを重要視している易の精神があらわれています。

第六章　十翼からの学び

　十翼の作者については、「周易正義（序）」において、「その彖・象などの十翼の辞は、以て孔子のつくるところとなす。先儒にもあらためて異論なし」と述べています。また、朱子も「周易本義」において、「孔子つくるところの伝十篇」と述べており、十翼が孔子の述作であることは学者間の定論です。

　十翼が孔子によってつくられたことや、「三聖三古」の伝説を否定したりする易経学者もいますが、今ではその事実はすべて正確には分かり得ません。

　結局、十翼を読んで、その価値が、精神的、宗教的に素晴らしく人の心を打ち、十翼の持つ視野の広さ、高さ、さらに、言葉の一字一句の大きさとキレ、細部にまでいたる統合構成力などに感動して、偉大な聖人の手によるものだと認識出来るかどうかの悟り、それが結局は判断のポイントとなるのかも知れません。

　私は三十代前半から周易を学び、古代の周易を学ぶロマンに浸って、四十年以上になりますが、周易を取り巻く学者のなかには意外に、無神論者や唯物論者が多いことに気付いています。文章のなかで、神仏の存在をあえて否定したり、文字の一つひとつを取り上げて探究する訓詁学的系統の学者も、多く存在します。周易が霊的で、精神的な書であることが理解できない学者もいます

　前の章でも述べましたが、「論語」は孔子の弟子による師の言行

録であり、主として孔子に会ったこともない弟子筋が意図的にかかわり、二百数十年にわたる実に長い年月でつくられたことを取り上げました。

　孔子の残された言葉が人類に残された圧倒的に優れた言葉であったので、言行録としての「論語」が編纂されました。この間、無神論者や唯物論者が、「論語」の編纂に意図的に携わりました。大聖人孔子の宗教的な部分は消し去られていったのです。ただ、孔子は大聖人であられたので、その言葉の一言一句は、確実に現代まで残されてきました。

　武内義雄先生は、周易の韻文を深く研究されましたが、先生は、韻文だけを指摘しても、象伝と象伝のなかに、少なくとも 10 以上の易辞の欠陥があることを指摘されています。

　例えば、六十四卦の他の卦の象伝は、すべて例外なく押韻を踏んでいるにもかかわらず、地火明夷の卦の、この一卦の象伝だけは散文であり、経としての統一を欠いている、と指摘されています。後世において、地火明夷の象伝は、まるごと書き直された可能性が非常に強いと教えておられます。

　中国の古い書物は、一つ「論語」に限らず、「孟子」や「大学」や「中庸」や「老子」や「荘子」など、現代に伝わっているものは、実は誰が編纂しているのか、すべて正確には分からないのです。

　結局、その内容に、どれだけの大いなる尊い価値を見出せるのか、それが周易の研究者の個人の力にかかわってくるところです。

第一節　象伝（上下）、象伝（上下）

　孔子は、文王のたった約 700 字の卦辞に、約 3 千字の象伝（上

下）と約１千字の大象（上下）をつくられました。また、周公旦の約４千２百字の爻辞に、約４千４百字の小象（上下）をつくられたのです。そのような卦辞・爻辞の孔子の慈悲の精神に基づく注釈、解説によって、周易は精神的、宗教的大書として完成されたのです。

卦辞と爻辞は、占筮重視の言葉で簡潔です。しかし、孔子は、彖伝と象伝によってこの難解な卦辞と爻辞を注釈、解説することによって、多くの人々を儒教の宗教的精神に誘ったのです。

彖伝、象伝は、①天から生かされていることへの感動と感謝、②この世とあの世を貫く幸福論、③縁起の法、など、人間としての精進の原点を教えます。

ここでは、沢山咸、地山謙、山雷頤の卦にて、以上三点の精進の原点について、周易が述べていることに迫ってみます。

1 沢山咸（感動と感謝） （序卦伝 第31卦）

| 【卦辞】 咸は亨る。貞しきに利し。女を取れば吉。

卦辞（文王）の言葉は簡潔です。この辞（ことば）のなかに秘められた霊的な念いに対して注釈、解説されたものが孔子の彖伝です。

【彖伝】 彖に曰く、咸とは、感ずるなり。柔上りて剛下り、二気感応して以て相与し、止まりて説び、男、女に下る。是を以て亨り、貞しきに利しく、女を取れば吉なるなり。天地感じて、万物化生し、聖人、人心を感じて、天下和平なり。其の感ずる所を観て、天地万物の情、見るべし。

第一節　彖伝（上下）、象伝（上下）　　65

　感動とは、天と地の気が亨るのであり、天と地の気が相感じることである、と先ず指摘します。柔なる沢の卦が上にあり、剛なる山の卦が下にあり、そこで柔と剛の二気が感応して、相感じ、相応じて和合するのです。「止而説」則ち、山の徳（止まる徳）と沢の徳（よろこぶ徳）がポイントです。感動は説ぶけれども有頂天にならず、正しい道に止まって説んで感動しているのです。

　「男、女に下る」とありますが、これは山の卦の少男（三男）が、沢の卦の少女（三女）の下にあって、男子が女子に愛を求める仕方であり、結婚の礼の正しい道をあらわしています。そういうわけで、卦辞に、「咸は亨る。正しきに利し。女を取れば吉なり」と言っています。天の気と地の気とが相感じて、天地間のあらゆる万物は変化し生成します。天の聖人は地の人心を感じて、天下は和楽太平になります。すべて、天地が感応するところを観れば、天地万物の真実の姿を悟ることができるのです。

　天と地の感応とは、陽と陰の感応であり、さまざまな現象が現れます。

　例えば男女、夫婦、親子、師匠と弟子、先生と生徒、社長と社員、尊敬される人と尊敬する人など、あらゆる状況における、陽と陰、剛と柔などが感応します。

　そこで沢山咸の感動と感謝は「女を取れば吉」なのです。この世における天と地の感応において、女的なものの心を取ってみて吉であると、感動と感謝の心が起るのです。

　男女では女のサイドを、夫婦では婦のサイドを、親子では子のサイドを、師匠と弟子、先生と生徒の関係では弟子や生徒のサイドなど、女的で弱いサイドの心を取って見て、吉であれば、感動と感謝の幸福感は大きく展開される、と教えています。男のサイド、夫の

サイド、親のサイド、師匠や先生のサイドなどの与える愛の心が、次に与えられるサイドの感動と感謝の心となり、その心にまた感動して、幸福はますます増幅されていきます。

天と地が相感応して、地にある人間は天の造化の素晴らしさに感動し感謝する心から、すべての幸福は始まります。地にある人間の感動と感謝を起点として、大いに光が通るのです。

沢山咸の卦は、六爻全てが上下相応じています。

すべての階層の人々が大いに感動して発展している姿です。

天地万物の状況を見ると、天からすべてを与えられており、天に先ず感動し、感謝することによって、人々は益々発展していくという真実を見抜きなさい、と教えています。

感謝は、天の光を仰ぐキーです。この世において個性を持ちながら、一段と高い観点、深い精神の底において、個人を超えたものへの感謝が大事です。

感謝さえ忘れなければ、日々に成功している事実を象伝は教えています。

> 【象伝】（大象）　象に曰く、山の上に沢有るは咸なり。君子以て虚にして人を受く。

大象は、この卦の下卦の山の卦と、上卦の沢の象から卦全体の解釈と説明を行います。山の上に沢があります。君子は、この象に感謝して、虚心坦懐に、沢の水を感謝して受け入れるように、人の言葉や行いを受け入れるのです。

沢山咸は、感動と感謝、です。世を真に導く力の大きな根源の一

つは、自分が天に生かされていること、またその事実に感動し、天に対する感謝を常に忘れないことにあります。感謝とは積極的なものです。本当の感謝は行動に転化されます。他人に対して一体何をしてあげたか、そこに本当の感謝行があります。

　男が先に真心を以て感じ、女はこれを喜んで相応じています。古えの婚礼は、皆、男が先に女に下るのが正しい婚礼のステップとされていました。礼に叶っているのです。その正しいステップを踏んで、愛の心が正しくて相手を感動させる道が咸です。

　「大象」は「山の上に沢有るは咸なり。君子以て虚にして人を受く」です。

　山の上に沢があれば、沢の水が下へ下へと染み通っていって、沢の水が山を潤していきます。沢と山とがお互いに通じ合って、お互いを受け入れるのです。一流の指導者たる君子はこの象を観て、私心を捨てて、虚心になって、人を受け入れることに努力するのです。世の中を導いていくには、私的な感情を制する虚心な心が大切です。

　君子は、たとえ自分の気に入らぬ人であっても、道に適った人であれば重用し、たとえ、自分の気に入っている人であっても、間違ったことをすれば直ちにそれを指摘し、強く指導しなければなりません。虚心になって、真に人の素晴らしさに感動を受ける自分をつくることは、君子の最も大切なことなのです。

【爻辞】
初六、其の拇に咸ず。
六二、其の腓に咸ず。凶。居れば吉。
九三、其の股に感ず。其の随うを執る。往けば吝。

九四、貞しければ吉にして悔亡ぶ。憧憧として往来すれば、朋、爾の思いに従う。

九五、其の脢に咸ず。悔无し。

上六、其の輔頬舌に咸ず。

爻辞の言葉は周公旦がつくったとされ、各卦の六爻ごとにつけられています。

また、爻辞を注釈して解説した文が小象で、孔子がつくりました。

天に対する「感動と感謝」というものは、心の深いところから発する精神です。天から既に許されて生かされている悟りです。「止而説」でありぺらぺらした天への有頂天の言葉を発するのではなく、静かに自分の心に受け止め感じ報恩する精神です。

【初六】 象に曰く、其の拇に咸ずとは、志 外に在るなり。

人の足の親指に感じるというのは、その感じ合う力は、緩やかに働き出しただけで、深い感動には未だ至りません。

初六の志は、応じている外卦の九四の方に向かっているのです。

しかし、感じることが極めて浅く、弱く、本格的な「感動と感謝」に進んで行くまでには、至っていないのです。

【六二】 象に曰く、凶なりと雖も、居れば吉とは、順なれば害あらざるなり。

六二の爻辞は「其の腓に咸ず。凶。居れば吉」ですが、腓は、こむらであり、ふくらはぎのことです。ふくらはぎは、歩く動作にお

いて下半身の中心にあって、とても重要な部分です。足を上げて歩こうとする時には、こむらの肉が先に緊張して動いて、その後で足が動き、こむらを持ち上げるのです。足が持ち上がる前にこむらの肉が動きますので、こむらは自主的な意思をもっていると表現しています。

即ち、こむらが感じて感動すると、すぐに自主的に動き始めるものです。そこで、すぐに勝手に動くと、凶なのです。しかし、行動に移る前に、一度立ち止まってその場に居て、冷静な判断をすれば、吉である、と言っています。

幸いに、六二には中と正の徳があります。そして、九五の王とも応じており、王より信頼されて、大きな指導を受けることの出来る立場にあります。そこで、しっかりとした判断ができる方なのです。軽挙妄動の愚かな行動を行うことなく、平素より戒めていれば吉である、と教えています。

> 【九三】　象に曰く、其の股に感ずとは、亦処らざるなり。志　　人に随うに在り、執る所　下なるなり。

九三は陽位の陽爻なので、正位であり志は通ります。上六と応じています。ただ三爻目にありますので、中道を過ぎてやり過ぎる欠点があります。

爻辞は「其の股に感ず。其の随うを執る。往けば吝」です。

股は下半身の最も上部にあります。股は自分の主体的な意志によって行動するものではありません。上の方の意思に従って動くところに特徴があるのです。つまり、応じている上六に感動して、上六に従って動こうとするのです。自分自身には、確固たる主体的な意思はありませんが、上六から動けと言われて動くのです。

「感動と感謝」が自分のものになっていません。上司の力に従って感動して随うのです。九三の志はひくく下にあるのです。

【九四】 象に曰く、貞しければ吉にして悔亡ぶとは、未だ感の害あらざるなり。憧憧として往来するは、未だ光大ならざるなり。

貞正の感動を得て吉であり、何の後悔も亡くなるというのは、私心のない、心からの感動は、誰にも害を及ぼさないのです。もし私心がある感動ならば、他の人に不愉快な思いをさせたり、害を及ぼすことになります。憧憧として往来するように、感動の思いが、自分の仲間や内々の同類にのみ留まるというのは、未だ感動の思いが狭く、光大ではないのです。

初六と応じています。また九四は陰位の陽爻であり不正位です。

この卦の六爻の中で、九四のみ身体の部位について述べていませんが、四爻であり、股の上、せじしの下なので、九四は心臓の部位に当たります。感動は心で感動することが基本です。

続いて「憧憧として往来すれば、朋、爾の思いに従う。貞しければ吉にして悔亡ぶ」とあります。憧憧としてとは、ひたすら、遠くのものを乞い求めて、落ち着かない様子を表しています。遠くのものを求めて、心がしきりに往来するのです。私心が出るのです。そして、私心が出ると、感動の思いは、自分の縁ある友、限られた世界にのみに従って留まるのです。

感動の本質は、狭い縁故ある人達にのみ留まることではない、と強く教えています。感動の道というのは、広く遍く感動が伝わるものなのです。縁故ある人達との感動を越えて、私心を越えて、天下のあらゆる人々の心を感動させるものが本来の感動なのです。

第一節　象伝（上下）、象伝（上下）　　　71

「朋、爾の思いに従う」とありますが、爾というのは、九四自身のことです。九四はこの卦の主卦の主爻です。

｜　【九五】　象に曰く、其の脢に咸ずとは、志末だなるなり。

九五が背中の肉に感じるとは、物事に感動する力が弱いことを意味しています。九五の志が、感動の根本を押さえておらず、枝葉末節のところしか理解できないからです。

九五は陽爻で陽位にあり正位です。また五爻目の王位にあって、天賦の中徳を備えています。六二と応じており、上の上六と比しています。陽爻で行動力があり、文句なしの天下のトップリーダーです。

せじしは心臓の上にある背中の肉のことです。物事を感じる器官はすべて体の前の方にあります。眼・耳・鼻・舌などの器官と違って、背中の肉は体の後ろの方にあり、物事に感動する力が弱いことを意味しています。

九五は理想的な天下のトップリーダーの資質を持っていながら、応比の六二や上六との小さな縁故を大事にしますが、それ以外の者からの刺激に感動することがないのです。広く外の世界の人々と接触し感動することが出来ないのです。王位にある者の宿命として、孤高で一人独立しているのです。そして他人の感動を心で受け止めて、共に感動することもなく、ややクールに背中で受け止めるところがあって、九五は、人から物足りなく感じさせるのです。広く遍く人々を感動させることによって導いていく、聖人には遠く及びません。

【上六】 象に曰く、其の輔頬舌に咸ずとは、口説を滕ぐるなり。

　物事に感動すると、直ちに言葉に表わしがちですが、それは口説を主として考えているのです。器量が小さく心が狭いので、じっとしていることが出来ず、盛んに言葉を発してしゃべるのです。真心のない感動は、決して人を動かすことは出来ない、ということを知りなさい、と易は教えます。

　爻辞は「其の輔頬舌に咸ず」です。
　輔は頬骨、頬はほほ、舌はしたです。三つとも皆言葉を発することに関係する器官です。輔頬舌に咸ず、とは物事に感動すると、直ちに言葉に表わすのです。しかし口先ばかりの感動は全く誠意がなく、言葉の重みを改めてよく知ることが大切なのです。
　言葉を発する時は、一旦考えて、心の内に止める作業が必要です。直ちに表面の意識が作用して、口に出して盛んに喋るのは、とかく誠実な心が伴いません。そこで心からの感動が伝わらないのです。本当の信頼関係のある交わりが出来ないのです。器量が小さいと、物事に感動すると、じっとしていることが出来ません。盛んにペラペラと口先で喋るのは、反って信頼関係を決定的に損ねることさえあります。この点はよほど注意して気をつけなければならない、と教えています。

　上六はこの卦の感動の卦の一番上にある陰爻です。
　感動が口先ばかりになることを厳に戒めています。

第一節　彖伝（上下）、象伝（上下）　　　　　　　　　73

2　地山謙（謙虚さ）　　　　　　（序卦伝　第15卦）

|　【卦辞】　謙は亨る。君子、終り有り。

卦辞（文王）の言葉はそれだけです。これを彖伝（孔子）は注釈
して解説します。

|　【彖伝】　彖に曰く、謙は亨る。天道は下り済して光明なり。
地道は卑くして上り行く。天道は盈を虧きて謙に益し、地道は
盈を変じて謙に流れ、鬼神は盈を害して謙に福し、人道は盈を
悪みて謙を好む。謙は尊くして光り、卑くして踰ゆ可からず。
君子の終りなり。

　謙虚さはすべてにおいて、通る徳である、と教えます。
　通常は、天の山が地の上に聳えているというのが通常の姿ですが、
地山謙はその逆になっていて、地の下に山があります。即ち山は高
い天の道ですが、山自らが下って、地の下に下り済すということが、
謙虚さであり、ここに不思議に光明の道が開けるのです。地の道は
ひくいのですが、天の道が下がるので地のエネルギーは逆に上り行
きます。
　謙虚さは、この世とあの世を貫く幸福論です。人生に必勝できる
道です。
　それは先ず、天の法則には、盈（みちていっぱい）になることを
欠いて、謙（へりくだる）ことを益する法則があるからです。次に、
地の道にも、同じ法則があり、充分に満ちて足りているものを変化
させて、足らない謙虚なものに流れさせる法則があるのです。さら

に、この世をご加護されているあの世の鬼神もまた、十分に満ち足りているものには害を降し、謙虚で足りない者には福を与えます。最後に、人の道は満ち足りているものをにくみ、謙虚さを好みます。

　このように、天の道も、地の道も、鬼神の道も、人の道も、皆、盈つるをにくんで、謙を好むという法則があるのです。

　この法則はこの世の法則としては普（あまね）く知られていませんが、十翼では秘中の法則を教えます。

　結局、謙虚さというものは、尊い高貴なる者が行えば、その徳はますます光り輝くのです。身分のひくい人が謙虚さを行えば、誰もこの人を侮ったりこの人をこえることはできないのです。君子の謙虚さの徳は、非常に大切な徳であり、終わりを全うする徳です。

　地山謙の卦における天の道というのは、九三のこの卦における唯一の陽爻が、下にくだる象徴として言葉が懸けられています。地の道はもともとひくいものですが、この九三の存在によって、地の気は上って光明が射してくるのが、地山謙の徳となっています。

　地山謙（謙虚さ）の教えは、人間にとって、目指すべき仁の徳の一つであることを教えます。

　孔子の教える最低限の悟りにおいて、転生輪廻をしている人間の永遠の魂修行のなかで、あの世があってこの世の一瞬の修行において、地山謙（謙虚さ）の修行は、人にとって実に豊かな世界に入ることのできる徳であることを、先ず説きます。

　また、縁起の法（善因善果・悪因悪果）も教えています。

　この肉体人生においても、あの世の人生と同じく、善き地山謙（謙虚さ）の徳をやり続けよ、それが結局、仁徳の向上につながるのだと、教えます。

第一節　象伝（上下）、象伝（上下）

　　【大象】　象に曰く、地中に山有るは謙なり。君子以て多き
　を裒らし寡きを益し、物を称り施を平かにす。

　大象は、六十四卦毎の上卦と下卦の象形の意味についての注釈と
解説を述べています。
　地山謙の卦は、上卦が地です。下卦が山です。大きな山が地の中
にある象が、地山謙です。目に見える山は地の上にそそり立ってい
るのですが、目に見えない世界では高い山が低い地の中に平伏して、
自分では決して高いとは思っていないのです。
　一流の指導者たる君子は、世の中で傑出した存在であり、その
「信」の徳で、その志は高く偉大な存在ですが、精神としては自分
は決して偉いとか、高い存在であるとか、思っていないのです。そ
れが謙虚さを保つ精神です。
　君子は、この象を見て、とかく上に集まる山の如く聳える富を減
らし損して、下の多くの者のために多くを増して益し、物の宜しき
をはかり、施を与えて、人々の貧富を平均化して養育する道を大切
にするのです。

　　【爻辞】
　初六、謙謙す。君子用て大川を渉る。吉。
　六二、鳴謙す。貞にして吉。
　九三、労謙す。君子終りあり。吉。
　六四、謙を撝うに利しからざる无し。
　六五、富めりとせずしてその鄰を以てす。用て侵伐するに利
　し。利しからざる无し。
　上六、鳴謙す。用て師を行り邑国を征するに利し。

【初六】象に曰く、謙謙する君子は、卑くして以て自ら牧うなり。

初六は陰爻なので従順であり、また、一番下の爻なので、謙謙、つまり、謙虚な上にも謙虚さを保つのです。

謙虚さを保つ君子の精神は、実に偉大な働きをしますが、この初六は、よく謙謙として、他人と競うことはないので、そこで、大川を渉るというような、大きな事業を成就するほどの力を持つに至るのです。大いに吉です。

このように、謙虚さを保つ力は、善因善果で、必ず良い結果を治めることが出来るのです。謙虚さを保つことは、その人間に非常に大きな力が及ぶのです。

【六二】象に曰く、鳴謙す。貞にして吉とは、中心より得ればなり。

六二は陰位の陰爻なので、正位で志は通ります。下卦の中爻なので、生来の中道の徳がある中間リーダーです。陰爻なので柔順です。六二の最大の個性は、この卦の主爻である九三と比していることです。

鳴謙とは、謙遜の徳が内に満ち満ちていて、その徳が言葉や態度に自然に現れて、外に鳴るように伝わるのです。謙虚さが言葉や態度の波動となって伝わるのです。外面だけを装って、謙虚らしく見せかけているのではありません。

六二は臣の立場にあるので、卑下しているだけでは君に媚び諂う佞臣としか、見られ兼ねません。従って、貞正であってこそ吉なのですが、それは中心から、心の底から謙虚な徳を得ているからです。

第一節　象伝（上下）、象伝（上下）　　　77

| 　【九三】象に曰く、労謙する君子は、万民服するなり。
きゅうさん　　しょう　いわ　　ろうけん　　くんし　　　ばんみんふく

　九三は陽位の陽爻なので、正位で志は通ります。陽爻なので実行
力があります。上下の爻である六二と六四と比しています。上六と
は応じています。九三はこの地山謙の卦の中で、唯一の陽爻であり、
この卦の主爻です。
　労謙とは、苦労に苦労を重ねて、その結果功労もあるのですが、
ろうけん
それでいて謙虚なのです。大いに努力し苦労して、大きな功労もあ
りながら、深く謙遜しているのです。功労があってもなお謙虚とい
うのは、実に尊いことです。
　九三は、地山謙の六爻の中で、唯一の陽爻であり、他の五つの陰
爻から信頼されている中心人物です。部下からも上司からも、その
智慧と行動力を期待されています。
　命がけで苦労に苦労を重ねなければ、功労など得ることはありま
せん。その功労を少しも誇ることなく、謙遜して自分の功労としな
いのです。九三の君子は、自分の功労を誇ることはありませんが、
その功労は自然に現れるので、万民は、皆、心服します。

| 　【六四】象に曰く、謙を撝うに利しからざる无しとは、則に違
りくし　　しょう　いわ　　けん　ふる　　よろ　　　な　　　　のり　たが
| わざるなり。

　六四は陰位の陰爻なので正位で、志は通ります。陰爻なので柔順
な方です。この卦の主爻である九三と比しています。六四は、大臣
の地位に当たる非常に高い地位にあって、六五の王の位に最も近く、
自分が人から仰ぎ見られる立場に置かれても、謙虚さを保つ徳を
撝って発揮するのです。撝うとは発揮するとか、意図的に努力する
ふる　　　　　　　　　　　　ふる

ことです。

これは謙虚の心というものは、天地自然の法則に違わないからです。

天地自然の法則とは、「盈つるを虧いて足らざるを補う」です。六四は、高い大臣の位にあって、下位の士に降り、賢者を尊び、積極的に薦め挙げて、重用するのです。常に自分は謙虚さを振るって「盈つるを虧いて足らざるを補う」精神で、謙虚に徹して、自然の法則に合致した生き方を目指すのです。

　【六五】象に曰く、用て侵伐するに利しとは、服せざるを征するなり。

六五は陽位の陰爻なので不正位です。五爻の尊位の王の位にあり、陰爻なので柔順で、天賦の中道の徳を持っている天下のトップリーダーです。王として心を虚しくして謙虚に行動をして、臣下の個性を引き出して発揮させる明君です。

爻辞は「富めりとせずして其の鄰を以てす。用て侵伐するに利し。利しからざる无し」ですが、地山謙の六爻の爻辞において、謙の字を用いないのは、六五は天下の王であり、王であるが故に、敢えて謙の字を避けています。王が謙譲卑下を表に唱えれば、王の権威が落ちて、王の道に悪影響が起ることを恐れたのです。

謙の字に代えて、六五の爻辞は「富めりとせず」という言葉と、「其の鄰を以てす」という言葉を使っています。六五の王は、天下の富を独占していますし、六五の王の隣に居る者はありません。六五は、自分が王であるにも拘らず、自分ひとりが富んでいて貴いものであるとすることなく、隣の近くにいる六四や上六の同類を引き連れて、九三の賢人を信頼して重用するのです。

第一節　彖伝（上下）、象伝（上下）　　　79

　絶対的な力を持っている天下の王者でありながら、富の力を恃まないで、謙遜して九三の賢人を信頼し、尊敬する大きな器量があるのです。

　そして、この爻辞を注釈し解説した小象では、世の中には、謙譲に乗じて不心得者が時には存在することもありますが、その時には、断固、それを征伐するがよろしい、と教えます。謙虚さを保つ徳を発揮するといっても、いつも、いかなる場合も、へり下っていて良いのではありません。特に天下の王である六五は、陰柔であり、王としての威厳が薄く軽い、ということを、畏れなければなりません。

　六五は、天下の王として、正しい道に服さない者があれば、これを正しく征して懲らすことが非常に大事です。真に正しいことを教えるために人を懲らすのですが、それを征伐して懲らす人は、正しい力をもった人こそそれを行うことができるのです。

　【上六】象に曰く、鳴謙すとは、志　未だ得ざるなり。用て師を行り邑国を征す可きなり。

　上六は陰位の陰爻なので正位です。陰爻で柔順です。この卦の主爻である九三と応じています。

　応じている九三は、若くして天下のために功労しており、上六は九三の謙虚さに対して深く心酔しています。いわば、上六は隠居している立場でありながら、九三の君子の謙遜の態度に感応して尊敬しているのです。

　上六は、謙虚な言葉や態度が外に対して重みとなって現れていますが、今や第一線を退いた隠居の身で、天下の志を得ることはありません。

　上六は、天下の大きな事業は出来ませんが、邑国つまり自分の領

地に軍隊を出して、領地の中の服従しない者を征伐することが出来る力はまだ十分に残っています。

　邑国に象徴される内なる心を統御しているので、謙遜の言葉や態度が外に対して重みとなって現れているのです。

　3　山雷頤　（心身の頤養）　　䷙　（序卦伝　第27卦）

|　【卦辞】　頤(い)は、貞(てい)にして吉(きち)。頤(い)を観(み)て、自(みずか)ら口実(こうじつ)を求(もと)む。

　山雷頤の卦形は、上爻と初爻の二つの陽爻が、中にある四つの陰爻を挟んでいる形です。頤とは「おとがい」であり、上顎と下顎の強い力で中にある陰爻の柔らかい食物を噛み合わせて食べる頤(おとがい)の象となっています。上顎は山の卦であり止まり、下顎は雷の卦で動きます。頤の働きは上顎は動かず止まっていますが、下顎は頻繁に動くのです。

　卦辞（文王）の言葉は簡潔です。

　これもまた、孔子は象伝としてやさしく注釈して解説します。

　　【象伝】　頤(い)は貞(てい)にして吉(きち)とは、養(やしな)うこと正(ただ)しければ則(すなわ)ち吉(きち)なるなり。頤(い)を観(み)るとは、その養(やしな)う所(ところ)を観(み)るなり。自(みずか)ら口実(こうじつ)を求(もと)むとは、その自(みずか)ら養(やしな)うを観(み)るなり。天地(てんち)は万物(ばんぶつ)を養(やしな)い、聖人(せいじん)は賢(けん)を養(やしな)い、以(もっ)て万民(ばんみん)に及(およ)ぼす。頤(い)の時(とき)、大(おお)いなるかな。

　山雷頤は、正しい「心身の頤養」です。心身を正しく養うことです。さらに言えば、自分を養うのは、単にこの世的生存のために肉体を養うことを言っているのではなく、もっと高次な霊的な心を養うことを求めています。

第一節　象伝（上下）、象伝（上下）

　ここでは、精進の原点である「縁起の法」について説いています。
　「心身の頤養」とは、この世における肉体をきちんと養い、精神において正しい心を養うことが、最も大事なことであるが、そのための「善因善果」の精進を忘れてはならない、という教えです。人間には、六識つまり、眼識・耳識・鼻識・舌識・身識・意識の六つの感覚器官による認識ができるようにつくられているので、六識をフル動員して、物質的には肉体のために善いものを選び、大事なのは精神性の善いものを選べ、という教えです。

　象伝は、先ず第一に、心身を頤養することは貞正であれば吉であるというのは、心身を養うことが正しいことが絶対条件で、そこで、即ち吉となる、と教えます。
　身体を養い、精神を養う、というのは、正しい時には吉であることは勿論ですが、正しくない時には、凶であることもまた勿論です。つまり、正しくないことに向かって心身をいくら頤養したとしても、それは何もならない、と言っています。
　その正しさとは、自分にとっての正しさ、自分が思うところの正しさではありません。天から見て、本当に正しいのかどうか、ということが、問われるのです。決して自分本位に頤養の道を求めて生きよ、と言われてはいないのです。結局、天の正しさを求めて心身を養うことがポイントです。

　第二に、頤養するを観るとは、その養うところを観るということだと教えます。自分は何を頤養するのか、観察しなさい、と教えています。
　つまり、単に食べ物を食べて肉体を頤養することも大事ですが、結局、精神を頤養することが第一であり、その精神を養うとは、何

が善で、何が真で、何が美であるかをよく観察して、本当に自分の精神を正しく頤養することに努めることが肝心な点である、と教えています。

第三に、「自ら口実を求むとは、その自ら養うを観るなり」と教えます。

口実とは口の中に入れる食物です。自らが自分の口の中に入れる食物を求めるというのは、自分自身を養う心の栄養物を、観察して、求めていきなさい、と言っています。人は自分の心身を養うために、本当に心の栄養物として自分を養うにふさわしく正しいものを求めて受け入れるべし、と言っています。

食物は、口から入るものの一つの象徴です。口に関して、言葉をコントロールして、心身を養っていかねばなりません。また、大きくは、眼や耳や鼻や舌や身体の、感覚や意識など、肉体や意識から受ける、さまざまな形で自分の身に入ってくるものを、それが本当に自分の心を正しく頤養するものであるかどうかを、入口でしっかりと観察しなさい、と教えているのです。

象伝は第四に「天地は万物を養い、聖人は賢を養い、以て万民に及ぼす。頤の時、大いなるかな」と説きます。

天地が黙々と万物を頤養していることが、頤養の大きなお手本です。

人間世界においては、この頤の卦においては人間として他を圧して優れた聖人（上九）が、賢者（六五）を頤養し、その聖人が、多くの万民を頤養する姿があります。そのような時には、国は大いに発展します。

頤養が実際行われる時の偉大な効果は非常に大いなるものがある、

と頤養の素晴らしさを称えています。

　天下の人が悉く思慮分別の深い者になる、ということは現実的には望めないことです。しかし、少数の聖人が賢者を養成し、賢者がこれを輔け学び、聖人と賢者の徳で万民を正しく指導していく姿を、私たちはよく目にします。

　易は、優れた頤陽の道を、天地や聖人に学べ、と教えています。

　上九はこの卦の主卦の主爻です。

　結局、山雷頤（心身の頤養）の卦においては、肉体をもったこの世においても、縁起の法に則り、善因善果、自分の心身を正しく養うものを取り入れることに努め、この世の魂修行を怠ることなく向上を目指しなさい、と教えます。

| 　【大象】　山の下に 雷 有るは頤なり。君子以て言語を慎み、飲食を節す。

　一流の指導者である君子はこの頤の象を観て、口に関係する二点、一つは言語を慎むこと、もう一つは飲食を節することが大切であること、を悟ります。言葉を慎しみ、飲食を節して、貞正の徳を養うことに努めなさいと教えます。

| 　【爻辞】
　初九、爾の霊亀を舎て、我を観て頤を朶る。凶。
　六二、顚に頤わる。経に払る。丘に于て頤われんとし、征けば凶。
　六三、頤に払る。貞なれども凶。十年、用うる勿れ。利しき攸无し。

六四、顛に頤わる。吉。虎視眈眈たり。其の欲逐逐たり。咎无し。

六五、経に払る。貞に居れば吉。大川を渉る可からず。

上九、由りて頤わる。厲けれども吉。大川を渉るに利し。

【初九】象に曰く、我を観て頤を朶るとは、亦貴ぶに足らざるなり。

　初九は陽位の陽爻なので正位です。六四と応じています。陽爻なので、実行力があります。しかし初爻であり、一番低い立場や地位に置かれています。

　初九は、上九を観て自分自身を頤養することを忘れて、他の高い地位や立場にある方に嫉妬し羨んで、口を開けてよだれを垂らしているというのは、まだまだ貴ぶに足らない人間であると惜しんで言っています。陽の位の陽爻なので志が正しく、陽爻ゆえに実行力があるにも関わらず、世俗的な地位や名声を求めて、霊的な正しさや真面目な精進を求めないことが貴ぶに足らないのです。霊亀とも形容される素晴らしい霊妙な徳を持っています。今後の可能性も期待出来ます。もっと貴い志がなければならない、と惜しんでいます。

　初九は折角の自分の優れた個性をすてて、上九の高い地位や立場を羨んで嫉妬して、口を開けてよだれを垂らしているのです。そこで凶であり、禍を引き込むことになるのです。

【六二】象に曰く、六二の征けば凶とは、行けば類を失うなり。

　六二は陰位の陰爻であり、正位で志は通ります。初九と比しています。下卦の中爻なので生来の中徳があります。陰爻なので柔順で

第一節　象伝（上下）、象伝（上下）　　85

部下を養成する力のある優れた中間管理職です。

　この山雷頤の卦には、陽爻が初九と上九の二つしかなく、この二つの陽爻がその他の人たちを養う力を持っているという卦が山雷頤の卦です。

　六二は低い立場であり、この卦の実力者である上九に、養われたいと欲を出すとします。しかし、六二は上九とは縁もゆかりもなく、頤養される関係ではありません。そこで、動いて往けば凶で禍がある、と言っています。

　つまり、自分に十分の実力もないのに、欲だけ強めて進めて行ってもよろしいはずもありません。足ることを知って、分を越える欲は出さないのが賢明だと教えています。

　六二が上九に頤養されようとして、欲を出して動いて往けば凶であるというのは、上九とは応爻ではなく、一方、比している初九の同類を捨てることになって「義」の徳を失うことになると教えています。

　　【六三】象に曰く、十年、用うる勿れとは、道大いに悖ればなり。

　六三は、陽位の陰爻なので不正位で志は通りません。この卦のキーパーソンである上九と応じています。三爻目なので不中であり、とかくやりすぎるところがあります。陰爻なので柔弱なところがあります。

　六三が、十年たっても、何も用いられる人材とはならないというのは、六三自身が心身を頤養する道において、あまりにも他人依存の思いが強いので、頤養の道に大いに悖るからです。頤養の道は、自助努力を前提に成り立っていることを教えます。

結局、六三は幸いに上九と応じているので、上九の頤養を受けようとします。上九とは相応じていて、縁があるのでそれはそれでよいのですが、六三は不中不正位であり、やりすぎて、妄りに動き、はしゃぎ過ぎることが君子として問題なのです。

| 【六四】象に曰く、顛に頤わるるの吉は、上の施し光なるなり。

六四は陰位の陰爻なので、正位であり志が通ります。陰爻なので自分で人を引っ張っていく力はありませんが柔順です。

六四はこの卦の初九の賢人と応じています。「顛に頤わるるの吉」というのは、上の者が下の者を尊重して、つまり、上位者が自分の身を屈して、下位にある者に支援を受けて、上の施しがおおいなるのです。

六四は、大臣という自分の立場を誇って驕っていては決して進歩することはありません。地位の低い賢徳のある者を敬って、その教えを求めて、どこまでも精進しようとするので、吉なのです。

六四は、大臣という高い立場にありながら、地位の低い者を顛に敬って養われて吉であるというのは、そのことによって上位にある大臣の力が、大いに発揮されることになり、世の中の幸福のために寄与することになる、と教えます。

| 【六五】象に曰く、貞に居るの吉は、順にして以て上に従えばなり。

六五は陽位の陰爻であり不正位です。五爻目の王位にあり、上卦の中爻なので中道の徳のあるトップリーダーです。しかし、陰爻なので、ぐいぐいと全体を引っ張る力はありません。上九に比して

第二節　繋辞伝（上下）　　87

従っています。六五は、自分では自分一人で国家全体を養う力はありません。比している上九に実力があり、本来は六五が国家全体を養うのが常の道ですが、今は　山雷頤の実体は、一旦、第一線を退いた、陽爻の実力のある上九に委ねられています。

　常の道に悖る面はありますが、六五は柔軟であり、貞しい道を堅固に守っているので、吉です。

> 【上九】象に曰く、由りて頤わる、厲けれども吉とは、大いに慶　有るなり。

　上九は陽爻であり実力があります。六五の王と比しています。上九は地位も立場も高い方です。

　国家はすべてこの上九に由って頤養されています。六五の王も上九を信頼し、国家は上九に由って養われており、上九の力が国家全体に及ぶのです。上爻の位置は、一番上の不安定なところにあり、不中不正なので、実は危ない位置にありますが、六五と比しています。

　王から信頼されているので、吉ですが、山雷頤の時は、上九は大いに国家のために、大きな事業に挑戦するなど、上九として困難に立ち向かって進んでいってもよろしいのです。

　上九はこの山雷頤の卦において中心的に国家を養う役割を持っている爻です。上九はこの卦の主卦の主爻です。

第二節　繋辞伝（上下）

　周易の総論でもある繋辞伝はこの世で修行する最低限の悟りを教えます。

繋辞伝は、周易全体の注釈、解説であり、周易全体に対して思想的な解明を目指した性格を持っています。「形而上」「形而下」「道」「器」「一陰一陽」などの言葉は、繋辞伝が典拠となっており、後世の東洋哲学に大きな影響を与えました。

1　大宇宙に天帝の光あり（繋辞伝（上）第一章）

> 天は尊く地は卑くして、乾坤定まる。
> 卑高以て陳なって、貴賤位す。動静は常有り、剛柔は断まる。
> 方は類を以て聚まり、物は羣を以て分かれて、吉凶生ず。
> 天に在りては象を成し、地に在りては形を成して、変化見わる。

天地の創造に当って、天の光はあくまでも尊く、地の光はあくまでも卑くして、ここに乾と坤という、天地の成立の根本原理が定まりました。

卑（坤）と高（乾）はさまざまにつらなって、貴と賤の位をつくり、動と静は常にあり、剛と柔も定まりました。

この世においてつくられたさまざまなものは、方向性によって同類ごとに集まり、また、ものは、群れをもって分かれて、当然の結果として、それぞれに吉凶が生じました。天からは象を与えられて、地からは形を与えられて、万物の営みが展開して、吉凶の起こる変化があらわれるのです。

大宇宙を創造された天帝は、天・人・地の神仏の世界において、天と地においては、天はあくまでも高く尊く、地はあくまでも低く卑いのです。

大宇宙にある天帝の光は超莫大ですが、その光は天帝の命です。

第二節　繋辞伝（上下）　　　　　　　　　　　　　　89

その光が大地に通り、ここに乾坤は定まりました。乾為天の光は、天帝の光で莫大です。

　一方、坤為地の光は、あくまでも低く、そして低いのですが、天帝の光を絶対信仰で応じますので、また、莫大な光を受けて返すのです。

　そこで、天地に光が流れるのです。天帝の光に対応できる坤為地の力があって、ここに物事の本質となる乾と坤が定まったのです。

　天と地の間の人（じん）の人間の世界においては、天地によってつくられた人間は、光の子として、この世とあの世を貫いて修行・精進することによって、新たな悟りを求め、無限の向上・発展をすることの出来る神仕組みを天帝はつくられました。

　人（じん）の世界においては、貴賤の道が与えられて、その立場で修行する環境を与えられます。貴賤の道というのは、古代においては身分階制がこの人間界の秩序の典型です。

　君臣、父子、長幼、大小など、古代においては身分、貴賤の価値が、それぞれにふさわしい位置を与えられたのです。この階級制度をあらわしたのが、六爻の位です。

　易においては、六十四卦の各々の卦の六爻において、初爻はひくい位の庶民（現代的には会社で言えば一般担当者）であり、二爻目は士（同課長）、三爻目は大夫（同部長）、四爻目は大臣（同役員）、五爻目は天子（同社長）、上爻は元天子（同会長）という卑高と貴賤が与えられています。

　六十四卦六爻なので、全体では三百八十四通りの修行環境の道が与えられます。

　各爻においては、陽陰の爻の個性、応・比・承・乗などの人間関

係などが環境として与えられて、立体的な言葉が易に満ちあふれていきます。これは、高いから良いではなく、低いからから悪いという認識ではありません。その立場におかれた人間が、ではその局面に置かれてどうするかという、応用問題が各自に与えられるのです。

　この世においては、陽・男と、陰・女の性が、生れた時に刻印されます。そこで、男女の個性は、性の問題を抱えて格闘するこの世の人生が始まります。

　陽は動き、陰は静かです。諸行無常です。常に動と静は変化変転します。常有るものは何もありません。変化変転、諸行無常はこの世の理です。陽の剛と、陰の柔もまた常に行き交っています。

　易は、聖人がでたらめに思慮を逞しくしてつくり出されたものではなく、陽と陰の天地万物の自然の諸行無常の状態があらわされているのです。

　この世の人間の世界は離合集散が常です。あつまる面では、同じ方向に進むものはあつまり、君子は君子で善良な方向に進み、小人は善良ならざる方向に進みます。また分かれる面では、ある種類の者の仲間は、他の種類の仲間と分かれていきます。

　その結果、人間世界では、吉凶が生じるのです。縁起の法（善因善果・悪因悪果の法）は誰一人眩ますことは出来ません。

　易は、天地の自然の象をならい象ったものであり、地にある形あるものを同時に観察して、見えない世界と見える世界を貫いて変化する状況を観ていきます。

　貴賤の位は、易においては、古代においては人間界の秩序の典型

でありました。それが、仁の中心をなす徳であったのです。秩序を保つ愛です。

　この当時、仁の徳にふさわしい貴賤の価値にふさわしい世の中のシステムが、仁の徳を前提にした礼の徳です。当時求められた礼の徳とは、単にお辞儀を大事にするとか、礼儀をつくすとか、そうした個人の立ち居振る舞いを問題にするのではなく、どうしたら礼を立てるための社会的システムをつくるか、ということに、関心が持たれたのかを私たちは悟らなければなりません。

> 　是の故に、剛柔は相摩し、八卦は相盪かす。これを鼓するに雷霆を以てし、これを潤おすに風雨を以てし、日月運行して、一たびは寒く、一たびは暑し。
> 　乾道は男を成し、坤道は女を成す。乾は大始を知り、坤は物を作成す。

　そこで、剛柔の陽陰は、互いに摩擦しあい互いに交じり合い、相盪かし合って、八卦が生れます。八卦とは、天（乾）・沢（兌）・火（離）・雷（震）・風（巽）・水（坎）・山（艮）・地（坤）です。

　たとえば、振るい動かす太鼓のような雷（震）があれば、これを潤すに風（巽）や水（坎）があり、日の火（離）と月の水（坎）は運行して、一たびは寒く、一たびは暑いという、大自然の活動をあらわしています。

　乾の道は人間にたとえれば男性を成し、坤の道は女性を成します。天（乾）の道は、先ず天帝が始められた進歩の世界であり、坤為地がそれをすらすらと同じエネルギーを受け止められて出来た万物調和の世界です。

卦辞と爻辞では、剛柔、大小などの言葉が中心ですが、十翼になって始めて陽と陰の言葉が頻繁にあらわれてきました。

ここでは、分かり易くするために、剛柔を陽と陰の言葉によって述べることによって、陰陽によって抽象概念が大きく広がり、孔子によって易が儒教の経典として、哲学性、精神性、宗教性が深まったことを学びたいと思います。

「八卦は相盪かす」とありますが、陽陰は相交じり合い、八卦は相盪かしあうのです。八つの卦が相動かしあって、結局、六十四卦の変化となるのです。要するに、易というのは、聖人個人が易に携われて出来たものではなく、すべて、天地の間の現象、自然界の現象にもとづき、それを象り、それを写し出されたものであることを教えています。

天地の不変の教えが、易によって降ろされたことを教えます。

> 乾は易を以て知り、坤は簡を以て能くす。易なれば則ち知り易く、簡なれば則ち従い易し。知り易ければ則ち親有り、従い易ければ則ち功有り。親有れば則ち久しかる可く、功有れば則ち大なる可し。久しかる可きは則ち賢人の徳、大なる可きは則ち賢人の業なり。易簡にして天下の理を得る。天下の理を得て、位をその中に成す。

乾の働きは極めて容易であり少しも困難なところはなく、坤の働きは極めて簡単であり少しも煩雑なところはありません。易は容易であり則ち知り易く、簡単なので則ち従い易いのです。知り易いので則ち親しむ者が多くあり、従い易ければ人々は功績をなすことが出来ます。親しむ者が多く有れば、これを久しく持ち続けることが

第二節　繋辞伝（上下）　　　　　　　　　　　　　　　93

でき、人々が功績をあげれば、それを大きくすることができます。

　久しく持ち続けることができれば、賢人の徳となり、大きくすることができれば、賢人の事業となります。このように、易らかであり簡単であって、しかも天下の理が捉えつくされています。天下の理を得れば、天下のなかに自分の居るべき位置を成就することができます。

　乾は易しく、易しいので知り易く、知り易いので親しみ易く、親しみ易いので久しく持ち続けることができ、久しく持ち続けることができるので賢人の徳となります。乾の道は男の道です。

　個人の向上・発展を目指す進歩の原理です。努力に比例した成果が認められる易しい原理です。縁起の法という分かり易い道なので、知り易く、親しみ易く、久しく持ち続けることができるので、個人が悟っていくための方法論として賢人の徳の向上につながります。

　坤は簡単であり、簡単なので従い易く、従い易いので人々は功績をあげることができ、人々が功績をあげればそれを大きくすることができ、大きくすることができれば賢人の事業となります。坤の道は女の道です。

　大乗、全体利益の向上を目指す調和の原理です。人間平等の簡単な原理です。伸びることは大いに許される進歩の原理と共に、同時に他を害さない全体利益の調和をはかる簡単な道なので従い易く、多くの人々は功績をあげることができます。社会全体の利益を大きくするという賢人の事業となるのです。

　このように易の進歩の原理と、簡の調和の原理によって、天下の道理は捉えられつくされていきます。個人の進歩とその個人の進歩

を調和することによって社会全体が発展していくのです。

　無限に向上を目指すタテの進歩のベクトルと、多くの他の者との関係のヨコの調和により、大宇宙に光が二つのベクトルを持ちながら流れています。

　その天下の理法を身につけて体得することができるならば、天下のなかにおいて自分の居るべき正しい位置を成就することができます。

2　吉凶悔吝と縁起（繫辞伝（上）第二章）

　聖人、卦を設け、象を観、辞を繫けて、而して吉凶を明かにす。剛柔相推して、而して変化を生ず。

　是の故に、吉凶は失得の象なり。悔吝は、憂虞の象なり。変化は、進退の象なり。剛柔は、昼夜の象なり。六爻の動くは、三極の道なり。

　是の故に、君子居りて安んずる所の者は、易の序なり。楽しみて玩ぶ所の者は、爻の辞なり。

　是の故に、君子居れば則ちその象を観てその辞を玩び、動けば則ちその変を観てその占を玩ぶ。是を以て、天より之を祐く、吉にして利しからざる无し。

　大昔の聖人が天（乾）・沢（兌）・火（離）・雷（震）・風（巽）・水（坎）・山（艮）・地（坤）の八卦をつくり、さらに六十四卦を設け、その卦にあらわれる物事の象を観察し、それに辞（言葉）を繫けて、それぞれの吉凶を明らかにされました。剛（陽）柔（陰）それぞれは互いに相推し、相推されながら、変化変転を生じていきます。

　そして、吉凶悔吝の現象があらわれます。吉凶は行うことが宜しきを得ていれば吉、宜しきを失っていれば凶の現象が起こりま

す。悔吝は、憂虞の象です。凶となって、それを反省し禍を改めると憂となり、悔となります。一方、ことが吉になれば、多くの人はそれに安住して一時の楽しみを貪る生き方に走りますが、それが虞（娯）です。そうするとだんだんに悪い方向に向かっていきます。これが吝となります。

　そして変化は、爻が進んだり退いたりすることによって、陰爻が陽爻になったり、陽爻が陰爻になったりする変化の現象が起きます。剛柔は、昼夜の象です。

　易の六十四卦の六爻がいろいろに変動するのは、天地人の三才の至極の道が時と場合によって、さまざまに変動するものを象ったものです。

　易を学んでいる君子が自分の居るところの地位に居て安んじて落ち着いて居るのは、易に現れている物事の当然の順序次第を学んでいるからです。

　平生静かにじっとしていて何も事を行わないときは、易の六十四卦に現れている象を観察して、易の辞（言葉）を深く熟読玩味し、また動いて事を行うときは、易の六十四卦がさまざまに変化していくことを観察し、吉凶の占を玩味するのです。それ故に、易を学ぶところの君子は、その行うところは天の道に叶い、地の道に叶うので、天より大いなる祐けを受けることになり、すべて吉にしてうまく事が運ばれないことはないのです。

　易の六十四卦は多様性を現わしています。

　陰陽六十四卦の一つひとつの卦は、その卦の象やかたち、またその卦を構成する各六爻それぞれの位置などから性格づけがなされ、恐らく文字で表現するより直接的に表現した発明であり、そこからさまざまな教訓の言葉が創造されてきました。

吉凶悔吝は、善因善果・悪因悪果を教える、いわば縁起の法です。

人々が逃れることの出来ない縁起の法を前提として、六十四卦の観察から物事の本質の手掛かりを得ようとしました。それが易の神髄です。

吉・凶・悔・吝は周易のなかで、しばしば出てきます。禍福を四つの言葉で言い表しています。

吉は、善因善果で、行うことがよろしかった結果起こります。凶は、逆に悪因悪果で、行うことがよろしくなかった結果起こります。吉凶は「あざなえる縄の如し」で吉が出たり凶が出たりします。

悔は、行うことがよろしくなかった結果を反省して後悔して、過失を改めるので、吉に向かうのです。吝は吝嗇の意味であり、行うことがよろしくなかった結果があっても、この程度のことなら大したことはないだろうと、けちけちして反省をしないので、ますます過失を重ねて、凶に向かって進むのです。

悔が大切であり、キーワードです。

3 吉凶悔吝と険易（繋辞伝（上）第三章）

> 彖とは象を言う者なり。爻とは変を言う者なり。吉凶とはその失得を言うなり。悔吝とはその小疵を言うなり。咎なしとは善く過ちを補うなり。この故に貴賤を列ぬる者は位に存し、小大を斉むる者は卦に存し、吉凶を弁ずる者は辞に存し、悔吝を憂うる者は介に存し、震きて咎なき者は悔に存す。
>
> この故に卦に大小あり、辞に険易あり。辞なる者は各々その之く所を指す。

彖とは卦辞のことですが、六十四卦のその卦の象について言っています。爻の辞、つまり爻辞は、そのうちの一つの変化について

第二節　繋辞伝（上下）　　97

言っています。吉凶とは、それらの人事における失敗・成功について言っています。悔吝とは、そのうちの小さな過失について言っています。咎なしとは、善くその過失を改めることを言います。

　貴賤の道を列する者は、爻における初爻から上爻に至る位において明らかにされており、物事の大小、重要かをさだめる判断は、六十四卦の象に表わされており、その事の吉・凶は、それらの卦辞と爻辞に述べられており、また、悔・吝について憂えるべきことは、ささいなことに示されており、咎なしとは、悔い改めることにあるのです。

　そこで、「卦」には大事を示しているものや小事を示しているものがあり、それらの「卦辞」には、険しいものや易らかなものがあります。このように、「卦辞」というものは、それぞれ人々が志すべきことをさし示しているのです。

4　多次元世界を悟る精神（繋辞伝（上）第四章）

　易は天地と準（なぞら）う。故によく天地の道を弥綸（びりん）す。

　仰いで以て天文を観、俯して以て地理を察す、この故に、幽明の故（こと）を知る。

　始めを原（たず）ね終わりに反（かえ）る。故に死生の説を知る。精気は物を為し、游魂は変を為す。この故に鬼神の情状を知る。

　天地と相い似たり、故に違わず。知は万物に周（あま）ねくして、道は天下を済（すく）う。故に過（あやま）たず。

　旁行して流れず、天を楽しみ命（めい）を知る。故に憂えず。土に安んじ仁に敦（あつ）し。故によく愛す。

　天地の化を範囲して過ぎしめず、万物を曲成して遺（のこ）さず。昼夜の道を通じて知る。故に神（しん）は方（ほう）なくして、易は体（たい）なし。

易は、天地の道に準拠していて、並び比較されるものです。そこで、よく天地の道を弥く綸めて、易は天地の道を全部おおい尽しています。

　仰いでは天文を観て、俯しては地理を察しています。そこで、易を十分に研究すれば、「幽明の故を知る」です。明とはこの世の世界であり、幽とはあの世の世界であり、目に見えない神仏の世界、霊魂の世界です。ここでは、「明」の方にはあまり重点がなく、むしろ「幽」の方に重点があります。明らかにして目に見える物事の状態をよく知っていれば、その裏の隠れて目に見えない物事の状態も間違いなく推測することができるのです。

　次に、ものごとの始源をたずねて追及すると、終りの方まで分かるのです。始めと終りとを知ることができるという、縁起の法が理解できる力があるからです。従って、人生においては、死とは何か、生とは何か、の説・問題についても知ることができます。

　「精気は物を為し、游魂は変を為す。この故に鬼神の情状を知る」とありますが、公田連太郎先生は「鬼神を区別すれば、鬼は亡くなった人の霊魂であり、神は天地の間の霊妙なる神である。精気は物を為すは主として神について言うのであり、游魂は変を為すは主として鬼について言うのである。鬼神を引っくるめて言えば、天地の間の不可思議なる神霊である。天地の間の霊妙にして不可思議な神霊の情態も、実は精気為物游魂為変の外に出でないのである」と述べられています。

　易をつくり易を学び易を知っているところの聖人は、天地宇宙の変化の道を知っており、それを体得し、それと一体となっているのであるので、これらの聖人の思うところ、行うところは、天地とまことによく似ています。即ち、天地と一体となっているので、正しい道に違うことはありません。

第三節　文言伝　　　　　　　　　　　　　　　　　　　　99

　この世で修行するには大抵は正しい大通りの道を行くのが良いの
ですが、時として横道を行くことも稀にはあります。旁らの道を行
くこともありますが、易を知っている聖人は、天の摂理を楽しみ天
命を悟っていて、憂うことはありません。自分の居る土地、位置に
安んじていて、仁の徳をあつくすることに努めるので、他人をよく
愛することができるのです。

　易は、天地間のあらゆる変化を網羅して六十四卦に分類していま
すので、天地間の変化は千変万化ではありますが、それらの変化を
残らず引っくるめて易に包み容れています。易の範囲に過ぎて溢れ
出ているものはありません。万物は、大きい物は大きく、小さい物
は小さく、うまくできあがっていますが、大きい物でも小さい物で
も、すべて易の変化のなかに完成されており、その外に漏れるもの
は一つもないのです。

第三節　文言伝

　文言伝は、周易の六十四卦の変化の根本となる、乾為天と坤為地
の二つの最も重要なる卦に、特別に孔子が詳しく説明されたもので
す。

　特に、乾為天の文言伝は詳細です。前の章でも取り上げましたが、
「元亨利貞」という四字は、周易のなかで、最も重要な文字です。

　この四字を理解するために、周易を学ぶといっても言い過ぎでは
ありません。

　孔子はいとも簡単に、乾為天の文言伝において、「元亨利貞」は
「仁礼義智」のことを述べており、周易の中心概念は、先ず最初に
ある「元」であり、つまり、「仁」であることを、明らかにしてい
ます。

文言とは、文によってそのことわり（理）を特に詳しく説明するという意味です。人間の道について特別に説かれた後世の人間に残された孔子の愛の言葉であると言ってもよろしいと思います。

文言伝の乾為天につきましては、第五章の「仁」の思想のところで取り上げておりますので、ここでは、坤為地の文言伝を学んでみたいと思います。

坤為地の卦辞は、「坤は元まり亨り利しく牝馬の貞にす。」から始まります。乾為天の卦辞は、「元亨利貞」ですが、坤為地の卦辞は、一番最後の貞は、「牝馬の貞」となっています。

つまり、乾為天も坤為地も、元はその字の通りはじまりですが、このはじまり自体が、坤為地と乾為天とは違うのです。因果応報の最後の着地点が、牝馬の貞なのです。あくまでも牝馬のように、柔順無我の報いを目指すのです。牝馬の貞を目指して、柔順無我なる元まりをし、柔順無我に亨り、柔順無我に利するのです。

坤為地自身は、乾為天のように、物を創造する積極エネルギーは、少しも持っていません。しかし、乾為天の陽の積極的エネルギーを100％受け入れることによってのみ、万物を生成して産み出す偉大な力となり得るのです。牝馬のように、天の陽の光のエネルギーを正しく受け入れるエネルギーが、天地の中の地の、坤為地の愛の徳です。

文言伝はこの卦辞に対して、次のように説きます。

> 文言に曰く、坤は至柔にして動くや剛なり。至静にして徳は方。後るれば主を得て常有り。万物を含みて、化光いなり。坤道は其れ順なるか。天を承けて時に行う。

第三節　文言伝　　　　　　　　　　　　　　　　　　　　　*101*

　坤為地は乾為天に至って柔順です。しかしながら、一旦動くや極めて剛く少しも途中で変わることなく終始一貫して進むのです。

　至って静かに天に従い、自分を主にせずに、それでいてその徳の光は四方に広がります。自分はいつも後ろに下がって、他の人が立派な働きができるように陰から力を支えて行きますので、自分の支えるべき主とも言うべき素晴らしい人物とも出会うことができ、柔順に後れて行なうことによって、本来の坤としての常道を得るのです。

　坤為地は万物を包含し、造化する力は光いなるものがあります。これが坤の道であり、自分を主にせず他に柔順なのです。乾為天の働きを常に承けて、時を違えることなく時に従って行われるのです。

　坤の徳が高らかに称えられています。

　この坤為地の文言伝の言葉で、特に注目すべきは、「坤は至柔にして動くは剛なり」のところです。坤為地は、ひたすら受け身になって、柔順極まりなく、天のエネルギーに呼応して、地のエネルギーを呼び起こします。坤為地自身には積極的な力はなく、天に比べると、極めて消極、極めて引き下がった個性です。

　しかし、すらすらと屈託なく天のエネルギーを元気に受け入れる大きなエネルギーがあるのです。至極、無造作ですが、天を受け入れることによって偉大な力を生成するのです。地は、天に呼応する力に比例してその力は強まるのであり、地の力によって始めて天地の造作が行われます。

　ところが、孔子は文言伝のなかで、坤は動くや剛なりと、坤の根本を教えるのです。通常は、乾為天は剛であり、坤為地は柔ですが、孔子はここで坤為地に対して、動くは剛なり、と教えます。坤為地

の卦が動くときには、この上もなく剛強なのです。

柔弱ではありません。

孔子は、女性に対しても敬意をもって、男性に対すると同じ尊厳をもっていました。乾為天の卦の剛の徳が、そのまま坤為地の徳となるのです。

乾為天の卦は、純粋の陽であり絶対の剛です。坤為地の卦は、その剛の徳をそのまますらりと受けて、この上もなく剛強であると、孔子は指摘しました。坤為地は、至極従順であるので、動くときは至極の剛なる絶対他力の徳が出てくるのです。

地は天と相対していますが、しかしながら天に従う偉大な愛によって、地の最高・最強の個性を輝かすことができます。天の創造エネルギーは莫大なものですが、地にもまたそのエネルギーすべてを受け入れる莫大なエネルギーがあります。

そして、地は天によって存在することを許されていますが、しかしながら、地がなければ折角の天の力も生かされません。地は天に対して感謝しなければなりません。しかし、天も地に感謝しなければならないのです。人間は坤為地の愛を手本にして、大いなる仁（愛）の徳を求めなければなりません。

坤為地の爻辞（周公旦）の六爻ごとに文言伝が述べられますが、初六については以下の通りです。

| 初六、霜を履みて堅冰至る。

これに対して、孔子は注釈、解説を、文言伝で行います。

| 文言に曰く、積善の家には必ず餘慶有り。積不善の家には必

第三節　文言伝

ず餘殃有り。臣その君を弑し、子その父を弑するは、一朝一夕の故に非ず。その由って来る所の者は漸なり。之を弁ずること早く弁ぜざるに由るなり。易に曰く、霜を履みて堅冰至ると。

　易は、人にとって非常に大切な法則である、因果の法則を、高らかに説きます。

　積善の家、つまり善い行いを積み重ねている家には、必ず餘慶、餘という後の子孫にまで伝わる慶びが有り、積不善の家、つまり善くない行いを積み重ねている家には、必ず餘殃、子孫にまで伝わるわざわいが有ると教えます。

　臣下が自分の君を殺したり、子が自分の父を殺したりすることは、ほとんど常識ではあり得ないことですが、決して一朝一夕に起こってくるものではありません。これは、過去からさまざまな原因が由って来って、小さなことが積み重なって、少しずつ漸進して、偶然では起こることではありません。必然の結果として起きてきたことなのです。

　悪しき原因となる小さな兆しがあれば、それを早く適確に抑え見分けて対処して行かなければなりません。これが易に言う「霜を履みて堅冰 至る」であり、今は地上の僅かな霜を履んで歩くという状況であるが、しかし油断するとだんだんに増長してついには堅い氷がはるようになるという意味です。

　陰が初め微弱な時に充分に警戒しなさい、と教えています。

　世の中には偶然ということはなく、全ては原因・結果の法則が、必然の結果として、順に間違いなく現われます。

　霜を踏んでいるかと思うと、やがて必ず寒さが積もり重なってやがて堅い氷が出来るという、原因結果の法則を見抜きなさい、原因

となる努力精進の内容に応じて、必然的な結果が現われる、ということを文言伝は教えています。

第四節　説卦伝

　説卦伝は、約１千字の言葉でつくられています。

　六十四卦は上卦と下卦の八卦の組み合わせによって成り立っており、孔子は十翼のなかの一つの重要な解釈・説明論を「説卦伝」として起しました。

　周易の本質は卦辞と爻辞にあらわされていますが、その一つの構成員である八卦の項をつくって、繋辞伝とはひと味違う八卦の解釈・説明論を展開したのです。

> 　昔の聖人の易をつくるや、神明を幽賛して蓍を生ず。天を参にし地を両にして数を椅つ。変を陰陽に観て卦を立て、剛柔に発揮して爻を生じ、道徳に和順して義を理し、理を窮め性を尽して以て命に至る。（第一章）

　むかし聖人が易をつくるにあたって、天地神明の偉大なるはたらきを幽賛（幽は奥深い、賛は賛美する）するという意のもとに、蓍（草木の一種のめどぎ）を用いて占笠法を生み出しました。

　易をつくられた大聖人とは、上古の天子、包犠氏です。この幽れたものを賛美するというところが、大聖人孔子の言葉です。

　続いて、天を三、地を二の数とし、それをよりどころとして陰陽の変化を観察して、陰と陽の基本数を定めました。つまり天は円形で円周は直径の三倍だから天の数は「三」、地は方形でその周囲は一辺の四倍であり、二の倍だから地の数は「二」と定めたのです。

第四節　説卦伝

　孔子の春秋戦国時代は、天文の知識が非常に進歩していて、天を三、地を二とする認識を素直に受け入れていたのです。

　八卦のなかで、三爻ともに陽爻である乾の卦は、陽爻即ち三の数が三つあるので九の数となり、これが太陽の数です。

　三爻ともに陰爻である坤の卦は、陰爻即ち二の数が三つあるので、六の数となり、これが太陰の数です。

　陰爻が二爻、陽爻が一爻の卦、即ち、震、坎、艮の三つの陽卦は、二と二と三で七の数となり、これが少陽の数です。

　陽爻が二爻、陰爻が一爻の卦、即ち、巽、離、兌の三つの陰卦は、三と三と二で八の数となり、これが少陰の数です。

　このように、天の数を三として、地の数を二として、それを根本として、それを椅（よ）りどころとして、陰陽の数が立ち定まり、卦の変化ができるのです。それらの卦の六爻は、或いは剛なる陽爻であり、或いは柔なる陰爻です。陰陽・剛柔の個性を発揮して、各々の爻は輝きます。

　道徳とありますが、現代の道徳という宗教性のない軽い言葉ではなくて、孔子の道徳ははるかに宗教性を有する重い言葉です。道は正しい道です。天と地と人における正しい道です。徳は、その正しい道を自らの内に取り入れて体得することです。

　その道徳によく調和して従順に従い、そうして人と物と各々の正義においてその条理が正しく定まって乱れないようにするのです。そしてまた、易は変化の理を内包していますので、物事の道理を推し究め、人が持っている個性・天性を最大限発揮させ、人が天から受けた天命を完全に遂行せよ、と教えます。

　「道徳に和順して義を理し、理を窮め性を尽して以て命に至る」という二句が、孔子の易をつくられた大精神です。後世の者が易を

学ぶについての究極の精神であることを教えます。

> 昔者聖人の易を作るや、将に以て性命の理に順わんとす。是を以て天の道を立つ、曰く陰と陽と。地の道を立つ、曰く柔と剛と。人の道を立つ、曰く仁と義と。三才をかねて之を両にす。故に易は六画にして卦を成す。陰を分ち陽を分ち迭に柔剛を用う。故に易は六位にして章を成す。(第二章)

　むかし聖人が易をつくるにあたって、とは、これは第一章の終りの、「理を窮め性を尽して以て命に至る」の言葉に続くものです。性とは、この世において最も大切にすべき個性・天性のことです。命とは、この世にあって、私達に託された使命・天命です。

　この世において、むかし聖人が易をつくられたのは、これによって人々が生まれながらに持っている道徳及び才能についての個性・天性と、天から命令されているところの各々の任務との条理に従順に従うようにしたいと思われたからです。それゆえに易をつくられたのです。

　易は天の道を立て定めて、陰と陽と言い、教えをたてられました。陽は積極的な言葉を表わし、陰は消極的な言葉を表わす言葉です。天の働きは、一つとして見れば陽ですが、強い陽ばかりでは十分な働きを行うことはできません。陰なる方面もまじって始めて天の働きが完成するのです。例えば、一年の四時の運行にしても、春夏は陽の方面の働きであり、秋冬は陰の方面の働きです。陽の徳と陰の徳が備わって始めて天の働きが完成するのです。

　地の道も立て定められて、柔と剛と言い、教えをたてられました。剛は陽性の徳であり、剛く堅固な徳です。柔は陰の方面の徳であり、極めて柔順に剛にしたがうのです。柔と剛の二つの徳があって始め

第四節　説卦伝

て地の働きが完成するのです。

　人の道も立て定められて、仁と義と言い、教えをたてられました。仁とは他人に対して愛の行いをする徳です。積極的な陽の道徳です。義とは自分自身を正しく律し正義に叶うように身を修める道徳で、消極的な道徳、陰の道徳です。仁と義の二つの徳が備わって始めて人の働きが完成します。

　「三才をかねて之を両にす」とありますが、三才とは天と地と人の三つの活動の力です。六十四卦の各卦は六爻をもって一つの卦が成りたっていますが、天と地と人の三つの活動の力は、二つずつあるのです。

　先ず、上爻と五爻を天の位とし、上爻を天の陰、五爻を天の陽とします。次に、四爻と三爻を人の位とし、四爻を人の義、三爻を人の仁とします。また、二爻と初爻を地の位とし、二爻を地の柔、初爻を地の剛とします。

　天・地・人の陰陽・柔剛、仁義はたがいに変化流通する作用をもっています。そして、陽の位に陽爻があり、陰の位に陰爻があることもありますが、逆に陽の位に陰爻があり、陰の位に陽爻があることもあります。

　易には六つの爻と六つの位があり、陰陽がいりまじって、さまざまな章（あや・もよう・美しい色彩）ができあがることになります。

　周易の十翼には、繋辞伝にも六十四卦の各々の卦と六爻の意味が説かれていますが、説卦伝の第一章、第二章では短い文章ではありますが、よく爻のことが説明されており、易の根本精神や易全体の組織の要点などが明瞭に語られています。

｜　天地位を定め、山沢気を通じ、雷風相薄り、水火相射ず、八

卦相錯わる。往を数うる者は順に、来を知る者は逆なり。是の
故に易は逆数なり。（第三章）

　易の八卦は自然現象に則って配列されています。天地、山沢、雷
風、水火の八卦の四つの組み合わせは、お互いの爻が陰陽逆の関係
にあり、深い関係にあると観ます。これは、河図からつくられた包
犠の「先天体図」（弊著「煌く易経」（63頁）ご参照）をもとに、説
明しています。

　「天地位を定め」つまり、天（乾）は高く南にあり、地（坤）は
低く北にあり、互いに南北に位置しながら、天地の位は定まってい
ます。天地は密接な関係をもちながら、その二つの大エネルギーに
よって万物を生成化育し続けています。
　「山沢気を通ず」です。山（艮）と沢（兌）は陰陽が相反するかた
ちであり、山は西北に、沢は東南にあり気を通じています。
　「雷風相薄り」です。薄と言う字は、迫という字と通じており、
山と沢は極めて近く接近しています。雷（震）は東北にあり、風
（巽）は西南にあり、陰陽が相反していますが、相迫りあう二つの
個性であり、雷が奮い動くときは風もまた激しく吹き荒れます。雷
は風の力によって万物を発奮させ、風は雷の力によって万物を振作
する力を加えます。
　「水火相射ず」です。水と火の関係は、あまりに接近するときは
「水剋火」であり、お互いが相手を侵し合い相手を損う相射る関係
にありますが、ここでは水火各々その処にあって、水は万物を潤し、
火は万物をあたためて、万物の生成化育をたすけます。水（坎）は
西にあり、火（離）は東にあります。陰陽は相反して互いに反発す
る性質を持っていますが、力を合わせていくと、大きな働きを成す

ことができることを教えます。

　さてここで、「八卦相錯わる（あいまじ）のであるが、往を数うる者は順に、来を知る者は逆なり。是の故に易は逆数なり」と孔子が一つの大きな教えを披露します。

　つまり、往は過去に過ぎ去ったことですが、その過去の因果を数え知るということは、順次に過去の状況から現在の状況を推移し因果の法則を悟ることです。これは比較的易しいのです。

　一方、来、将来のこと、まだ起こっていないことの成り行きを知ることは、それとは全く逆になる見方であり、これは容易ではありません。

　易の本来というものは、数えて知りやすいためのものではなく、将来起こり得るべき事を推測して、それに如何に対処すべきかを数えるものであるので、この故に易は逆数なり、と教えます。

　易の道は、物事の情態を逆に数えて将来を如何に発展するかを知る道です。易を学んで宇宙人生の変化の状態を知るのは何のためかと言えば、主として、過去現在の状態から推して、将来如何に成り行くべきかということを知り、それを如何に処置すべきかを知るために易を学ぶのですから、易は物事を逆に数え知ることが主になっています。

　本章では、天地（乾坤）、山沢（艮兌）、雷風（震巽）、水火（坎離）の八卦が、相対したり、相援けていることを教えています。

　　　雷以て之を動かし、風以て之を散らし、雨以て之を潤し、日以て之を暄（あたた）め、艮以て之を止め、兌以て之を説（よろこ）ばし、乾以て之を君とし、坤以て之を蔵（おさ）む。（第四章）

この章は八卦のそれぞれの効用について説くとともに、八卦が万物を生成化育してたすけている働きを教えています。乾と坤が相交わって一番下の爻が変化して得た卦が、震（長男）と巽（長女）です。

震の卦は雷であり、巽の卦は風です。震の卦の雷が、前年の冬以来、積もり積もっている陰気を突き破って、轟き渡って万物を震い動かし、巽の卦の風が、前年の冬以来、万物の上に鬱屈して停滞している陰気を吹き散らすので、そこで万物が発生するのです。雷と風との力によって、万物が発生するのです。

次に、乾の卦の天と坤の卦の地が相交わって中央の爻が変化すると、坎（中男）と離（中女）の卦を得ます。雨が降ってきて、火（日）が照り渡り、万物は伸び伸びと発育成長するのです。

最後に、乾の卦の天と坤の卦の地が相交わって一番上の爻が変化して得た卦が、艮（少男）と兌（少女）です。艮の卦徳は止めるであり、兌の卦徳は悦びです。

雷・風・雨・日の力によって発育し成長した万物は、止まるべきところに止められ、秋になって草木など万物に実がなり、秋の収穫となって兌のよろこぶところとなるのです。

こうした終始をかくならしめるものは乾・坤です。乾天がその主宰者で原動力となって君臨し、坤地が万物のエネルギーをしっかりと受け止めることによって万物を包蔵して養い育てるのです。

第五節　序卦伝

文王と周公旦による占筮中心の卦辞と爻辞は、孔子によって儒教根本の書として新しい息吹が与えられていきました。

序卦伝は、木簡や竹簡に書かれている六十四卦の不揃いで並べら

第五節　序卦伝

れている言わばバラバラの卦を、孔子がきちんとした体系のもとで
統括されたものです。孔子による序卦伝は、六十四卦の配列を、易
トータルを統括する般若の智慧で全体を俯瞰してつくられた序列で
す。

　世の中は変化変転していますが、その変化の順序は千変万化しま
す。その変化の順序は、必ずしもこの通りに進むと決まっているわ
けではありません。そのなかで、周易の序卦伝では、変化する可能
性が比較的高いと思われる序列に順って、六十四卦が配列されてい
ます。

　六十四卦を俯瞰する眼として、先ずお互いが綜卦として強い関連
のある二十八通り五十六卦の組み合わせをまとめられています。

　綜卦とは、卦のなかの六爻の上下を逆さまにしたときにできる卦
のことです。初爻と上爻、二爻と五爻、三爻と四爻、それぞれをお
互いに移動させて変化したところにできる卦です。

　綜卦には、一つは、自らの置かれた立場を時間的に引っ繰り返し
てみたらどう見えるか、という見方があります。また、もう一つは、
相手や第三者などから見たらどう見えるか、という見方があります。

　綜卦として関連のある二十八通り五十六卦の、残りの四通り八卦
は、乾為天と坤為地、山雷頤と沢風大過、坎為水と離為火、風沢中
孚と雷山小過です。

　この八卦は、お互いが錯卦として関連しあっています。錯卦とは、
それぞれの一卦のなかの六爻のすべての爻を、陰と陽を変換してで
きる卦のことです。それぞれの爻を陰陽逆さまにしたところででき
あがる卦のことです。

なお地天泰と天地否、沢雷随と山風蠱、水火既済と火水未済の六卦は綜卦でありかつ錯卦でもあるという関係をもっています。

大宇宙の世界万般において、陰陽は空間的に対立しながら、また陰陽は相求めて引き付け合いながら、変化変転します。錯卦は、陰陽が相交感したときに表れる卦の姿です。本卦から全く見方を変えた空間的な見方であると言ってもよいかも知れません。

序卦伝にあらわされた一つの大きな流れは、この世は諸行無常であり、この世の物事は諸行無常で一点に留まることはなく、常に事象はあっという間に流れていく、という思想に貫かれています。

縁起の理法（善因善果、悪因悪果の法）は不昧であり、誰も決してくらますことは出来ません。その因果を序卦伝は合わせて教えています。

六十四卦		関連	序卦伝
1	乾為天	錯卦	天地有り。
2	坤為地		然る後に万物生ず。天地の間に盈つる者はただ万物なり。
3	水雷屯	綜卦	故にこれを受くるに屯を以てす。屯とは盈つるなり。屯とは物の始めて生ずるなり。物生ずる始めは必ず蒙なり。
4	山水蒙		故にこれを受くるに蒙を以てす。蒙とは蒙きなり。物の稚きなり。物稚ければ養わざるべからざるなり。

第五節　序卦伝

	六十四卦	関連	序卦伝
5	水天需	綜卦	故にこれを受くるに需を以てす。需とは飲食の道なり。飲食には必ず訟^{うった}えることあり。
6	天水訟		故にこれを受くるに訟を以てす。訟^{うった}える時には必ず民衆が決起することあり。
7	地水師	綜卦	故にこれを受くるに師を以てす。師とは民衆が集まって団結した軍隊なり。民衆が聚^{あつま}れば必ず親しむところあり。
8	水地比		故にこれを受くるに比を以てす。比とは親しむなり。人と親しむ者は必ず財を蓄^{たくわ}うるところあり。
9	風天小畜	綜卦	故にこれを受くるに小畜を以てす。者蓄えられて然る後に礼あり。
10	天沢履		故にこれを受くるに履を以てす。履とは礼節を履^ふみ行うなり。万民礼節を履みて然る後に天下安泰なり。
11	地天泰	綜卦錯卦	故にこれを受くるに泰を以てす。泰とは上下相通ずるなり、物は以て通ずるに終わるべからず。
12	天地否		故にこれを受くるに否を以てす。物は以て否に終わるべからず。
13	天火同人	綜卦	故にこれを受くるに同人を以てす。人と同じくする者は、物必ずこれに帰す。
14	火天大有		故にこれを受くるに大有を以てす。大を有する者は以て盈つるべからず。
15	地山謙	綜卦	故にこれを受くるに謙を以てす。大を有して能く謙遜^{たのし}なれば必ず予む。
16	雷地予		故にこれを受くるに予を以てす。予めば必ず随う人あり。

六十四卦		関連	序卦伝
17	沢雷随	綜卦 錯卦	故にこれを受くるに随を以てす。喜びを以て人に随う者は必ず事を起こすことあり。
18	山風蠱		故にこれを受くるに蠱を以てす。蠱とは事なり。事あれば臨機応変に処理して後に称賛大なり。
19	地沢臨	綜卦	故にこれを受くるに臨を以てす。臨とは大なり。物大なれば然る後に観るべし。
20	風地観		故にこれを受くるに観を以てす。観るべくして後に合うところあり。
21	火雷噬嗑	綜卦	故にこれを受くるに噬嗑を以てす、嗑とは合うなり、物は以て苟くも合うて已むべからず。
22	山火賁		故にこれを受くるに賁を以てす。賁とは飾るなり、飾るを致して然る後に亨れば則ち尽く。
23	山地剥	綜卦	故にこれを受くるに剥を以てす。剥とは剥ぐなり。物は以て尽くるに終わるべからず。剥ぐこと上に窮まれば下に反る。
24	地雷復		故にこれを受くるに復を以てす。復すれば妄らならず。
25	天雷无妄	綜卦	故にこれを受くるに无妄を以てす。无妄ありて然る後に畜うべし。
26	山天大畜		故にこれを受くるに大畜を以てす。物畜えて然る後に養うべし。
27	山雷頤	錯卦	故にこれを受くるに頤を以てす。頤とは養うなり。養わざれば則ち動くべからず。
28	沢風大過		故にこれを受くるに大過を以てす。物は以て過ぐるに終わるべからず。

第五節　序卦伝

六十四卦		関連	序卦伝
29	坎為水	錯卦	故にこれを受くるに坎を以てす。坎とは陥るなり。陥れば必ず麗くところあり。
30	離為火		故にこれを受くるに離を以てす。離とは麗くなり。
31	沢山咸	綜卦	天地ありて然る後に万物あり。万物ありて然る後に男女あり。男女ありて然る後に夫婦あり。夫婦ありて然る後に父子あり。父子ありて然る後に君臣あり。君臣ありて然る後に上下あり。 上下ありて然る後に礼儀錯くところあり。夫婦の道は以て久しべからざるなり。
32	雷風恒		故にこれを受くるに恒を以てす。恒とは久しきなり。物は以て久しくその所に居るべからず。
33	天山遯	綜卦	故にこれを受くるに遯を以てす。遯とは逃れ退くなり。物は以て遯に終わるべからず。
34	雷天大壮		故にこれを受くるに大壮を以てす。物は以て壮に終わるべからず。
35	火地晋	綜卦	故にこれを受くるに晋を以てす。晋とは進なり。進めば必ず傷るるところあり。
36	地火明夷		故にこれを受くるに明夷を以てす。夷とは傷るなり。外に傷るるなり。外に傷する物は必ず家に反る。
37	風火家人	綜卦	故にこれを受くるに家人を以てす。家道窮まれば必ず乖く。
38	火沢睽		故にこれを受くるに睽を以てす。睽とは乖くなり。乖けば必ず難あり。

六十四卦		関連	序卦伝
39	水山蹇	綜卦	故にこれを受くるに蹇を以てす。蹇とは難なり。物は以て難に終わるべからず。
40	雷水解		故にこれを受くるに解を以てす。解とは緩か（ゆるや）なり。緩か（ゆるや）なれば必ず失うところあり。
41	山沢損	綜卦	故にこれを受くるに損を以てす。損して已まざれば必ず益す。
42	風雷益		故にこれを受くるに益を以てす。益して已まざれば必ず決す。
43	沢天夬	綜卦	故にこれを受くるに夬を以てす。夬とは決するなり。決すれば必ずまた遇うところあり。
44	天風姤		故にこれを受くるに姤を以てす。姤とは遇うなり。物は相遇うて後に聚る（あつま）。
45	沢地萃	綜卦	故にこれを受くるに萃を以てす。萃とは聚る（あつま）なり。聚りて上る者はこれを升と謂う。
46	地風升		故にこれを受くるに升を以てす。升りて已まざれば必ず困しむ。
47	沢水困	綜卦	故にこれを受くるに困を以てす。上に困しむ者は必ず下に反る。
48	水風井		故にこれを受くるに井を以てす。井道は革（あらた）めざるべからず。
49	沢火革	綜卦	故にこれを受くるに革を以てす。物革むる者は鼎にしくはなし。
50	火風鼎		故にこれを受くるに鼎を以てす。器を主る（つかさど）者は長子にしくはなし。

第五節　序卦伝

六十四卦		関連	序卦伝
51	震為雷	綜卦	故にこれを受くるに震を以てす。震とは動くなり。物は以て動くに終わるべからず。
52	艮為山		故にこれを受くるに艮を以てす。艮とは止まるなり。物は以て動くに終わるべからず。
53	風山漸	綜卦	故にこれを受くるに漸を以てす。漸とは進むなり。進めば必ず帰する所あり。
54	雷沢帰妹		故にこれを受くるに帰妹を以てす。その帰する所を得る者は必ず大なり。
55	雷火豊	綜卦	故にこれを受くるに豊を以てす。豊とは大なり。大を窮むる者は必ずその居るところを失う。
56	火山旅		故にこれを受くるに旅を以てす。旅して容るる所なし。
57	巽為風	綜卦	故にこれを受くるに巽を以てす。巽とは入るなり。入りて後にこれを説ぶ。
58	兌為沢		故にこれを受くるに兌を以てす。兌とは説ぶなり。説びて後にこれを散らす。
59	風水渙	綜卦	故にこれを受くるに渙を以てす。渙とは離るるなり。物は以て離るるに終わるべからず。
60	水沢節		故にこれを受くるに節を以てす。節してこれを信ず。
61	風沢中孚	錯卦	故にこれを受くるに中孚を以てす。その信ある者は必ずこれを行う。
62	雷山小過		故にこれを受くるに小過を以てす。物に過ぐることある者は必ず済る。
63	水火既済	綜卦 錯卦	故にこれを受くるに既済を以てす。物は窮まるべからざるなり。
64	火水未済		故にこれを受くるに未済を以てして終わるなり。

第六節　雑卦伝

　雑卦伝は、序卦伝の順序によらず、いろいろに錯雑させていりまじらせて、六十四卦の意義を、一字または一句、または二、三句で、簡単に説明したものです。

　六十四卦のそれぞれの個性をあらためて立体的に浮き上がらせようとした注釈、解説です。いろいろに錯雑して説明されているので、雑卦伝と呼ばれています。世の中の変化は、必ずしも序卦伝の順序に従って変化するものではなく、いろいろさまざまに変化することを表現するために、このように雑然として配列されています。

　二つの卦が対になって説明されていますが、両者の関係は序卦伝と同じくしています。つまり、先ず、二十八通り五十六卦の組み合わせは、お互いが綜卦として強い関連のある卦であり、残りの四通り八卦、即ち、乾為天と坤為地、山雷頤と沢風大過、坎為水と離為火、風沢中孚と雷山小過、の八卦は、お互いが錯卦として関連しあっています。

　雑卦伝の全文（訓読文）は以下です。

｜　乾は剛にして坤は柔なり。

　乾為天は陽爻ばかりの卦でありその徳はこの上もなく剛であり、坤為地は陰爻ばかりの卦であり、その徳はこの上もなく柔であります。

｜　比は楽しみ師は憂う。

第六節　雑卦伝

水地比の卦は九五の一本の陽爻を中心に天下は統一され人々は楽しんでおり、地水師の卦は陽爻の九二が六五の信任を受けて天下の九二の英雄がその他の陰爻を統括して例えば戦争などの重大なる任務を引き受ける天下の大事であり大いに憂えざるを得ません。

｜　臨観の義は或いは与え或いは求む。

地沢臨の卦は上から下を臨んでいます。高い地位の人が下の者に対して恩恵を与えている卦です。風地観の卦は下の人民が上の恩沢を求めている卦です。与えるとは求めることを含んでいるのが両卦の関係です。

｜　屯は見われて其の居を失わず。蒙は雑にして著わる。

水雷屯の屯の字は、上の一は地でありその他の三画は草が曲がっている形です。草木が始めて芽を出して未だ真っ直ぐに伸びず、ある仕事を始めたが元の居た場所を離れず行き悩んで進み難い卦です。山水蒙は山の下に水が流れている形であり、まだ智慧の開けていない蒙昧未開の時代です。いろいろな物が入り雑じっていますが、既にその片鱗は著われています。

｜　震は起るなり。艮は止まるなり。

震為雷の卦は一本の陽爻が下に起って、それが盛んに上に伸びて上ろうとします。艮為山の卦は陽爻が既に上に上り、一番上に止まっている卦です。

| 損益は盛衰の始めなり。

　山沢損の卦は下の者を損し減らして上の者を益すると、実はその根本を損しているので、結局は上の者も衰えるようになります。風雷益の卦は下の者を益し上の者を損し減らす時は、実はその根本を養うのであるので、結局は上はますます盛んになります。これが盛衰の根本の始めです。)

| 大畜は時なり。无妄は災なり。

　山天大畜の卦は上にある大いなる山が下にある天のエネルギーを蓄えてとどめていますが、時期が到来すれば大いなる発展が期待できます。天雷无妄は至誠真実な卦ですが、時として思いもよらぬ災難を受けることがあります。

| 萃は聚まりて、升は来らざるなり。

　沢地萃の卦は坤の地の卦の上に沢があり、その沢の中に水が湛えられているように、物や人が数多くあつまっている卦です。地風升は坤の地の卦の下に巽の草木があり、これらの草木は地から養分を吸収して盛んに成長して升り進んで、再び小さくなって下へ来ることはありません。

| 謙は軽くして、予は怠るなり。

　地山謙は自らの身を軽くして人にへりくだる卦であり、雷地予は震の卦が地の上に轟き渡っておりまことに景気のよい卦ですが、そ

第六節　雑卦伝　　　　　　　　　　　　　　121

れを恃んで油断してなまけ怠るようになります。

|　噬嗑は食うなり。賁は色无きなり。

　火雷噬嗑は口の中にある物を嚙み砕いて食べてしまうことです。山火賁の卦は物を美しく飾ることの最上は、白賁、何の色もないことです。

|　兌は見（あら）われて、巽は伏するなり。

　兌為沢の卦は、一本の陰爻が二本の陽爻の上に現われ出でて悦んでいます。巽為風の卦は下にある一本の陰爻が小さくなって隠れ伏して人にへりくだっています。

|　随は故无きなり。蠱は則ち飭（ととの）うるなり。

　沢雷随の卦は人に随うときには自分が本来持っている故（ゆえ）きものにこだわる物事はありませんので人に随うことができるのです。山風蠱の卦は物事が久しくなってさまざまな弊害・破綻がおきたのをうまくととのえ整理することによって世の中を刷新するのです。

|　剥は爛（ただ）るるなり。復は反（かえ）るなり。

　山地剥の卦は上九の陽爻以外は皆陰爻で陽の勢いが甚だしく衰えて、今や損われただれてまさに滅びようとしています。地雷復の卦は陽爻が衰えて滅びてしまうと、その瞬間に一陽来復、一陽が初九に反ってくるのです。

｜　晋は昼なり。明夷は誅わるるなり。

　火地晋の卦は太陽が地上に現われ出でて上へ上へとすすみ上る卦であり、即ち昼間です。地火明夷の卦は太陽が地の下に没しており、世の中が暗くそこなわれて乱れている時代です。

｜　井は通じて、困は相遇うなり。

　水風井の卦は井戸に釣瓶がある象でその水がうまく汲み出されてすらすらと事が通じて住き詰まりません。沢水困の卦は下卦の真心の充実した水が、上卦の弁舌巧みな小人の沢に蔽われて思うように事が進まず住き詰まっています。

｜　咸は速やかなるなり。恒は久しきなり。

　沢山咸の卦は物と物とが相感ずる卦であり、物と物とが相感ずる時には事が速やかに行われるのです。雷風恒の卦は、物事が長く久しく変わらないのです。

｜　渙は離るるなり。節は止まるなり。

　風水渙の卦は水の上に風が吹き渡って水が風のために吹き散らされている形の卦です。人々の心が統一されず離ればなれになっています。水沢節の卦は沢に水が蓄えられていて溢れ流れることはなく沢の中に止まっており、人々が節度や規律をよく守っていて、止まるところに止まっているのです。

第六節　雑卦伝　　　　　　　　　　　　　　　　　　　　　　　　*123*

| 解は緩やかなり。蹇は難きなり。

　雷水解の卦は空には雷が鳴りわたり下には雨が降っています。春になって雪や氷が解けてしまって草木は皆芽を出して、即ち険阻艱難なることは皆解決してしまい、ゆるやかに、安らかに、ゆったりとしているのです。水山蹇の卦は険阻なる山があり、渉り越すこと難き大きい川があるというようにいろいろな艱難が前に横たわっているのです。

| 睽は外なり。家人は内なり。

　外というのは疎遠にして不和合であることであり、内というのはその反対に親密に和合していることです。火沢睽の卦は上の離の卦の火は上に向かって上ろうとし、下の兌の卦の沢の水は下へ下へと降ろうとしています。上卦の離の卦の中女と、下卦の兌の卦の少女と向かうところがまるで異なっており、各々上と下とが外に向かって離れ背いていて不和合なのです。風火家人の卦は上卦の巽の卦の長女と下卦の離の卦の中女とが家の内にあってよく和合し一家族皆そのところを得て悦んでいます。

| 否泰は其の類に反するなり。

　天地否の卦は下卦の小人の勢いが盛んになり天下は乱れるのです。地天泰の卦は下卦の君子の勢いが盛んになり天下は太平に治まるのです。その類に反するとは、小人と君子の同類仲間が反対でありまるで異なっているということです。

｜　大壮は則ち止まり、遯は則ち退くなり。

　雷天大壮の卦は雷が天上に轟くような盛んなる勢いの卦であり、下にある四つの陽爻、即ち、君子が盛んなる勢いをもって進んで行くのですが、しかしあまり勢いにまかせてむやみに進むとつまずくことがあり、失敗することが多いので、こういう時にはある処に止まりむやみに勢いに任せて進まぬようにすべきです。天山遯の卦は下にある二つの陰爻がだんだんに勢力を増して進んで君子に迫ろうとしています。そこで上にある四つの陽爻、即ち、君子は適当なる機会を見て、一旦は退いて遯れて時期の来るのを待つのです。

｜　大有は衆_{おお}きなり。同人は親しむなり。

　火天大有も天火同人も陽爻が五本、陰爻が一本の卦であり、一本の陰爻が五本の陽爻を統括している卦です。一本の陰爻が五爻目の天子の位にある火天大有は、皆柔順な天子に信服しておおくの人々がこの天子に統一されているのです。天火同人の卦は一本の陰爻が二爻目の下位リーダーの賢人の位にあります。この六二の賢人は九五の天子の信任を受けていますので天下の人々は皆六二の賢人に親しむようになるのです。

｜　革は故_{ふる}きを去るなり。鼎は新しきを取るなり。

　沢火革の卦は古きものを除き去ってしまうのです。革の字の本義は毛を除き去った獣の皮のことです。前の皮とはまるで違ったものとなり、これまでの古い制度を除き去ってしまうのです。火風鼎の

卦は、ものを煮る鼎のかたちになっていて、ものを煮ると生の時とはまったく違った新しい味となるのです。

｜　小過は過ぐるなり。中孚は信なり。

　雷山小過と風沢中孚の卦は陰陽裏表に引っ繰り返した関係にあります。（錯卦）　雷山小過の卦は小なるものが行き過ぎている卦です。一方に行き過ぎているものを正すために他の一方に行き過ぎるようにすることを教えます。風沢中孚の卦は心の中に至誠真実な誠が充実しているので、その信が人を感動させることを教えます。

｜　豊は故多きなり。親寡なきは旅なり。

　故多きとは昔からの親類縁者が多く集まってくることです。親寡なきとは親戚などが至って少ないことです。雷火豊の卦の上卦は雷が轟き渡り下卦は電が盛んに閃く勢いの盛んな景気のよい卦です。景気がよくなると疎遠なる親戚や久しく打ち絶えている知り合いなどが寄り集まってくるのです。火山旅の卦は旅行の卦であり、行方定めぬ旅行をしているので親戚なども寄りつかなくなり疎遠になり景気がよくない卦です。親密な人が少ないのです。

｜　離は上りて、坎は下るなり。

　離為火の卦は火の象であり、火は上へ上へと上ります。坎為水の卦は水の象であり、下へ下へと低い処に流れて下ります。この二つの卦は陰陽を引っ繰り返した錯卦の関係にあります。

｜　小畜は寡なきなり。履は処らざるなり。

　この二つの卦は一陰五陽の卦であり一つの陰爻が中心になっている卦です。火天大有や天火同人の卦と比べて位が低く、風天小畜の卦の陰爻は四爻であり、天沢履の卦の陰爻は三爻です。陰爻のため力が弱く追随する者が寡ないのです。風天小畜の卦は六四の陰爻の力が寡なく追随する者が少ないのです。天沢履の卦は六三が実力なくゆったりと落ち着いて処ることは出来ないのです。

｜　需は進まざるなり。訟は親しまざるなり。

　水天需の卦は雲が天上にあってまだ雨が降ってこないのでしばらく待っているという卦です。直ちに進まず時の来るのを待つという卦です。天水訟の卦は上卦の天は高く上に昇り、下卦の坎の水は低い処低い処へと流れて下り、上下の心がまるで親しむことなく争いを生じて訴訟へと進むのです。

｜　大過は顛えるなり。頤は養うこと正しきなり。

　沢風大過の卦と山雷頤の卦は陰陽が裏表の関係にあります。（錯卦）　沢風大過の卦は二爻から五爻の中心部が陽爻であり、それを支持する初六や上六が小さく建築物がくつがえるのです。山雷頤の卦はあごの形をしていますが身体を養うことの善因善果の、養う道の正しい仕方を学べと教えます。

｜　既済は定まるなり。未済は男の窮まるなり。

第六節　雑卦伝　127

　水火既済の卦はすべての物事が有るべき処にあり安定しています。
火水未済の卦はすべてが皆有るべき処にあらず困窮しています。

| 　帰妹は女の終りなり。漸は女の帰（とつ）ぐに男を待ちて行くなり。

　雷沢帰妹の卦は女の道が終り、落ち着くべき処に落ち着いたのです。風山漸の卦は女がお嫁に行くのに、男の方から礼をもって迎えられるのを待って始めてお嫁に行くのです。

| 　姤は遇うなり。柔、剛に遇うなり。夬は決するなり。剛、柔を
| 　決するなり。君子の道長じ、小人の道憂うるなり。

　天風姤の卦は未知との邂逅です。柔なる陰爻が剛なる陽爻に出会って君子の道は長じます。沢天夬の卦は決し破るという意味です。剛なる初九から九五の五つの陽爻が、上六の陰爻を裂き破って小人は憂えてしまうのです。

第七章　周易の現代的発展論

第一節　周易の十六の体系と根本精神

　周易の六十四卦は、約３千年前の周の初めの時代の頃に、文王が卦辞を、その子である周公旦が爻辞をつくられたものを、500年後の孔子が注釈、解説された十翼によって補伝された書です。

　孔子が関与されたことによって、周易は儒教の精神を生き生きと説かれた書物として生まれ変わりました。

　即ち、孔子は、経文（卦辞、爻辞）の占筮中心の原文を尊重しながら、この世とあの世を貫く霊的大局観、圧倒的な天帝（創造天）の世界を背景にした宗教的構想力によって、周易は仁・礼・義・智の精神と徳を説く、見えない世界の神秘性を説く書へと変貌していきます。

　その奇蹟の書、周易において、あらためて現代的な発展論を見出せば、以下の通りです。

① 　周易は、孔子がとても優れた一級品の経文（卦辞・爻辞）を見て、孔子が本来求めていた儒教の根本精神を、十翼によって、六十四通りの「精神」「徳」としてまとめられた書であること。

② 　孔子は、十翼のなかの繋辞伝、序卦伝、雑卦伝で述べられている、互卦、綜卦、錯卦によって、六十四卦は統括できること。つまり、周易は、互卦、綜卦、錯卦によって、六十四卦

第一節　周易の十六の体系と根本精神

は十六の体系におさまること。

③　十六の体系の中心は、「仁」。

乾為天と坤為地が天地のタテの天地の愛を統括する「仁」。

水火既済と火水未済が人間（じんかん）の愛をフォローするヨコの愛としての「仁」。

東洋の人物論は、どちらかというと、数字的な分析ではなく、リーダーの「徳」や「人望」、「ものの考え方」などの領域に入っていく傾向があります。これは、東洋における学問の伝統の一つと思われます。

「あいつには徳や人望がない」と言われたら、もうだいたい最後です。言葉を換えれば、「人間ではない」と言われているようなものです。「徳や人望がない」と言われるのは、これは、日本的にはかなり厳しい言葉なのです。

従って、人は不惜身命の覚悟で、果てしなく「徳」を磨き続けなければならない存在です。

人の徳というものは、信用として積み重なり、「あの人の思いや行動は間違いない」という感じになってくると、ますます発言力や行動力が信用されてきます。

人間というものは、本能に基づけば、欲望がだんだん増大していくものですが、その欲望を、出来るだけ「利他の愛」に振り替えていくことです。

公のため、あるいは「利他の愛」のために多く振り分けていって、逆に自分個人の成長による喜びの部分を、少しずつ抑えていく訓練をしていくことが大事です。

そういうところに、「徳」や「人望」が生れてくることを知らな

ければなりません。

「徳」や「人望」に関して、驚くべきことは、この世的な欲望に対して強い本能がある人が、天帝（創造天）や神仏（大君子）に対する信仰心に目覚め、一念発起して自らの私欲の部分を出来るだけ抑制し、「利他の愛」に目覚め、天のために自分の力を使おうとすると、その小さな「仁」の徳を始めるだけで、人間は劇的進化が始まるという事実です。

これは実は、「自分のあるべき姿」を自分自身の「この世の肉体」におくのではなく、魂のなかに「利他の愛」に目覚める、「あの世をも生き抜く霊的魂」を大切にする精神です。

劇的な「自己実現の法則」です。この世にあって、この世ならざる幸福を引き寄せる法則がこの世に厳然と存在します。

これこそ周易の成功の法則です。

第二節　易の曼荼羅観

公田連太郎先生は、易経の名著「易経講話」（明徳出版社）のなかで、次のように述べておられます。

> 　易の一つの卦は、六十四卦の一つであって、この卦単独で存在しているのではない。その左右に他の六十三卦が並んでいるということである。たとえば、皆さんなり私なりという者が一人存在していることによって、我々の周囲に世界のあらゆる人間・あらゆる万物がずらりと並んでいることが分かる。それと同じわけである。一つの卦と他の六十三卦とが、太極を中心としてずらりと並んで、仏教の言葉を借りて言えば、一つの大な

る曼荼羅をつくっているのである。今、太極を中心として、と申したけれども、実は六十四卦の外に太極があるのではなく、太極即ち六十四卦、六十四卦即ち太極なのである。本体即ち活動、活動即ち本体であり、本体の外に活動はなく、活動を除いてその外に本体があるのではない。実はそうであるけれども、理解しやすくするために、あまねく本体と活動とを分けて考えて、太極と六十四卦とを分けて考えるのである。実は別のものではない。これからその大きい周易曼荼羅の六十四卦の一つ一つに分けて説明していこうとするのであるが、それらの一つの卦は曼荼羅組織の一部分であり、他の六十三卦と切り離すことのできぬものであり、終始、連絡しているものであることを、常に頭の中に持っていなければならぬのである。

　曼荼羅は、聖なる世界、仏の悟りの境地、世界観などを視覚的、象徴的に表わしている、と言われています。

　例えば、中心のご尊仏を囲むように、諸如来・諸菩薩が配置されており、内なる光が外へと向かう動きや、ご尊仏の大いなる悟りや智慧の光が、さまざまな方向へ形を変えて現れていく、そして、すべてはまた、中心のご尊仏に帰一することを表現していると言われています。

　易は、一つの大きな曼荼羅をつくっている、と考えることが出来ます。

　中心に根源なるご存在の愛の念いから発した太極、両儀、四象、八卦があって、六十四卦へと展開されます。

　このように、易の六十四卦の一つひとつは、孤立して存在するものではありません。一つの卦は、曼荼羅の一部を構成しており、

六十四卦は、さまざまに密接な縁を有意義に保ちながら、大いなる世界をつくっています。

　先ず根源なるご存在から発せられた、超巨大な創造天の光が、段階的に展開され、分かれ分かれて、六十四卦の精神へと展開されていきます。その精神は、また中心なるものへと帰結しながら、変化変転を繰り返します。この大局観が易の理解のためには必要です。

第三節　六十四卦の系統化、総合化

　さて、私たちは周易の曼荼羅観の学びのもとに、次なる発展形に辿り着きます。

　孔子は、十翼の序卦伝と雑卦伝において六十四卦を三十二通りの組み合わせの二卦ごとにまとめて、その二つごとの卦を密接に韻を含みながら（武内義雄先生）、六十四卦の序卦伝と雑卦伝の世界をつくられました。

　三十二通りの同じ組み合わせのもとで、卦が生き生きと輝いている独自の切り口を説かれました。

　三十二通りの組み合わせは、すべて綜卦と錯卦の関係にある組み合わせです。

1　繋辞伝に見る統括観

　繋辞伝は以下の通り教えます。

　　　参伍して以て変じ、その数を錯綜す。その変を通じ、遂に天地の文を成す。その数を極め、遂に天下の象を定む。天下の至変に非ずんば、それ孰れか能くこれに与らん。

第三節　六十四卦の系統化、総合化　　　*133*

　「陰陽は参伍して変じ」とありますが、参とはまじえること、伍とは互いにすること、という意味であり、要するに筮竹をさまざまに入り交じらせて互いに操作することによって、さまざまに陰陽が組み合わさって限りなく変化することを言っています。

　陰陽が交互に入れかわり、交錯し綜合されていくのです。

　易の数は錯卦と綜卦となって、その変化はさまざまにあらゆるところに変化し通じてゆき、それが遂に鮮やかな天地の文様を形成します。

　易の数をさらに極めて推し進めて極めていけば、遂に天下の六十四卦の一つの象を定めることになります。六十四卦は、この宇宙人生のあらゆる状況を残らず網羅することになります。

　六十四卦は、各卦ごとに綜卦、錯卦、さらには、之卦（変卦）へと次々に変化発展して、天下の至極の風景となり、六十四卦は、幾通りもの変化となっていきます。

　世の一流のリーダーは、それだけの変化のなかに置かれていることを認識するだけの力がなければ、なかなかその置かれた責任を全うできるものではありません。

　しかしこの変化の法則に精通できれば、天下のあらゆる変化に与かることができて、さまざまな変化に対応できるのです。

2　綜卦

　綜卦とは、卦のなかの六爻の、上下を逆さまにした卦です。

　初爻を上爻に、二爻を五爻に、三爻を四爻に、それぞれの爻を、お互いに移動させて変化したところに出来る卦です。

　元々の卦をもとにして、それを百八十度引っくり返して展開された卦のことです。

綜卦には、一つは、自らの置かれた立場を時間的に引っくり返してみたらどうなるか、という見方があります。

またもう一つは、相手や第三者などから見たらどうか、いう見方があります。

先ず、時間的な関係で見る見方の代表は、陰陽消息観があります。

十二消息卦は、一年の十二月を、十二卦をもって表して、陰陽消息の理を説いています。

地天泰（ちてんたい）	雷天大壮（らいてんたいそう）	沢天夬（たくてんかい）	乾為天（けんいてん）	天風姤（てんぷうこう）	天山遯（てんざんとん）
（旧暦1月）	（旧暦2月）	（旧暦3月）	（旧暦4月）	（旧暦5月）	（旧暦6月）
天地否（てんちひ）	風地観（ふうちかん）	山地剥（さんちはく）	坤為地（こんいち）	地雷復（ちらいふく）	地沢臨（ちたくりん）
（旧暦7月）	（旧暦8月）	（旧暦9月）	（旧暦10月）	（旧暦11月）	（旧暦12月）

これらを綜卦の関係で見ると、以下の通りです。

地天泰（ちてんたい）	天地否（てんちひ）	雷天大壮（らいてんたいそう）	天山遯（てんざんとん）	沢天夬（たくてんかい）	天風姤（てんぷうこう）
（旧暦1月）	（旧暦7月）	（旧暦2月）	（旧暦6月）	（旧暦3月）	（旧暦5月）
風地観（ふうちかん）	地沢臨（ちたくりん）	山地剥（さんちはく）	地雷復（ちらいふく）		
（旧暦8月）	（旧暦12月）	（旧暦9月）	（旧暦11月）		

地沢臨は、上から下を臨む、大局観を表す精神ですが、卦辞は

第三節 六十四卦の系統化、総合化

「臨は元いに亨り利しく貞し。八月に至りて凶有り」です。

上から下を臨む大局観は、「元いに亨り利しく貞し」です。

続いて「八月に至りて凶有り」とあります。

地沢臨は旧暦十二月で、下にある初九と九二の二つの陽爻が、次第に上行して、これから陽の道がますます盛んになる時を迎えています。世の中は大いに盛んになる機運を迎えています。

地沢臨の綜卦は旧暦八月の風地観です。

風地観の旧暦八月は、地沢臨とは逆に上にある九五と上九の陽爻が下から押し上げられる時です。陰爻に押されて、陰の道がこれからますます盛んになる時を迎えることになる時期を迎えます。

地沢臨の旧暦十二月の時に、これから陽の道が盛んになる時を迎えて、得意になるのではなく、物事、人事は常に時間的に変化変転するのが常であるので、得意の時に、凶や禍が必ず巡ってくることを、念頭においておけ、気を許すではない、と戒めています。

十二消息卦の四時の変化は、人生の時の変化を象徴したものと見ています。

四時の変化は人生の時間的な変化の法則を示すものです。四時の変化を、綜卦を媒体として、人生の変化を、統一的に捉えようとした一つの試みです。

物事は変化します。何れ時が解決するということもあります。現在置かれた状況は、それはそれとして、さて時間的に自らの置かれている時を全く引っくり返してみたらどうなるか、という考え方です。

このように、綜卦の見方の一つは、易において時間的変化の状況を相互に関連付けたものの見方であると言えるでしょう。

時は必ず変化変転します。好調の時はまた、時間が経てば不調の時に陥ります。しかし逆に不調の時はまた、好調の時の兆しを内包しています。

綜卦とは、現在ただ今立っている立場を固定せずに、ふっと深呼吸をして時間を引っくり返して、時間的に変化したその反対の立場で物事を考えてみる、という視点です。

またもう一つの綜卦の見方として、相手や第三者などから見たらどうか、いう見方があります。

例えば、水山蹇の卦が得られたとして、水山蹇を自分とすると、綜卦の雷水解の卦が相手や第三者の見方です。ちょうど、あるものを下から見る自分の見方を、彼我を対照的に上から見るとどうなるか、という見方です。

水山蹇は、蹇難を迎えている卦です。蹇とはあしなえ（びっこ）です。足が不自由なように現在の置かれている状況は、スラスラと前に進むことが出来ません。しかし、綜卦は雷水解です。「自力解決」の精神です。

自分の見方は「蹇難」であっても、第三者や他人は、やがて間もなく解決出来る「自力解決」が時間を置くと待っている、という大きな見方をしているのです。

ある卦が自分に得られたとしても、その卦は現在の自分の置かれた状況を象徴していますが、同時に相手や第三者など、全く自分と立ち位置の異なる、時間的にズラした物事の見方を綜卦は教えます。

3　錯卦

錯卦は、それぞれの一卦の中の六爻の全ての爻を、陰と陽を逆さまに変換して出来る卦のことです。

第三節　六十四卦の系統化、総合化

それぞれの爻を陰陽逆さまにして出来上がる卦のことです。

陰陽が逆であるということは何なのでしょうか。陰陽は相求めます。陰陽は相交感して、次なる変化へと向かいます。大宇宙の世界万般において、陰陽は空間的に対立しながら、縁あるもの同士を引き付けながら、また変化していきます。

綜卦を時間的な縁起（原因・結果の法則）とすると、この錯卦は、空間的な縁起であると言ってもよいかも知れません。

錯卦はさまざまなものが、相互に空間的に影響し合っている、という事実にあらわれる世界観です。

陰陽は互いに相求め合っており、また相反発します。

八卦に見られる錯卦の代表的な関係は、父と母の関係、南と北、東北と西南、西と東、西北と東南、の関係などです。男性と女性、顕在意識と潜在意識、内と外など、さまざまな空間的に正反対なものは連続しています。このように、天地間に存在するものは男女、南北、東西など、全て対立の相が現われます。

この対立の相を大局的に認識して観るのが、錯卦です。

錯卦は、いわば空間的な縁を見る見方です。

空間的とは何でしょうか。たとえば、六十四卦のなかの一つの卦が現われて、一つの精神を示すとします。その精神の対極にあって、陰陽が全く異なった錯卦の卦の精神が、実はお互いが非常に縁の深い関係になっている、という見方です。

もともと、人は矛盾する精神、対極にある二つの精神を同時に持っていて、君子、一流のリーダーは、その二つの精神を如何に統合していくか、統合できるか、を目指して修行を行っている、とい

うことが事実なのです。

たとえば、乾為天は「剛健」の性質を現わしていますが、その乾為天は、錯卦である坤為地の「柔順」の性質を、同時に対極に持っています。

そして、「剛健」の性質は、「柔順」の性質と相互に影響し合いながら、存在しています。

世の君子、一流のリーダーは、この矛盾する二つの精神を統合することに成功している人たちです。

「剛健」といわれる一流人は、「柔順」という精神も統合しながら、人格づくりに成功した方であり、同様に、「柔順」といわれる一流人は、「剛健」という精神も統合しながら、人格づくりに成功した方なのです。

また、別な見方として、錯卦は空間的な、原因・結果の法則が働く関係にあると言えます。人と人との関係、自分と世界との関係において、原因あれば結果あり、という意味での空間的な関係です。

地天泰の「安泰の道」と、天地否の「閉塞の道」はお互いが錯卦です。「安泰の道」を迎えた時は、「閉塞の道」が空間的に直結していることを忘れてはなりません。

さまざまな「安泰」を原因として、「閉塞」の結果が空間的に直結しています。「治」にいて「乱」を忘れず、の精神を教えています。

また「閉塞の道」も、同様に「安泰の道」と空間的に直結しています。

失敗や挫折に直面した「閉塞」のときの対応の仕方が大事です。「閉塞」とは、自分オリジナルの教訓をつかみだし、次の「安泰」の芽を探し出すことだ、と易は教えます。

第三節　六十四卦の系統化、総合化 139

　これはさまざまなものが、相互に空間的に影響し合っているという事実にあらわれる、世界観です。

4　互卦（四爻互体法）

　一卦は六爻によって成り立っていますが、その六爻のうちの、二爻と三爻と四爻とで下卦をつくり、三爻と四爻と五爻とで上卦をつくり、そこで出来る卦を互卦（四爻互体法）と言います。

　互卦に関連する記述として、繋辞伝に以下のようにあります。

> 　その初は知り難く、その上は知り易し。本末なればなり。初の辞はこれに擬い、卒はこれが終を成す。若し夫れ物を雑え徳を撰え、是と非を弁ずるは、則ちその中爻に非ざれば備わらず。

　一卦の六爻の中で、初爻の意味は初めての爻であり知り難いところがあります。

　また上爻は物事が成就したあとのところを教えるので知り易いところがあります。

　初爻と上爻は事の本と末です。初爻は物事の初めを擬えて述べるのでわかりにくいのです。上爻は終りであり成就して終ったところを述べるのでわかり易いのです。

　もし、その卦の物事を雑然のなかから、卦の徳をえらび定めて、その是と非を弁別しけじめをつけようとするならば、則ち中間の四爻でなければ備わらないのです。

　互卦（四爻互体法）は、卦の中心部分である二爻、三爻、四爻、五爻の中爻の四爻で卦を立ててみる考え方です。

一卦の中央にある二爻、三爻、四爻、五爻で新しい卦をつくり、中央にある心、本心は何を言っているのかという詮索です。

中央に位置する四つの爻がその卦の本質であり、その卦のよってきたるところの根となっているところのものを探る一つのアプローチとして考えられたものです。

天地の大いなる変化の中における六十四卦は、それぞれが非常に個性的な光を有する卦ですが、実は、互卦の思想によって、六十四卦は一つの大きな秩序のもとに体系化されるという考え方に導かれます。

一つひとつの卦は、それぞれの個性によって、無限の発展を目指しています。しかし、その発展は、根源の天の光の流れを受けた秩序の中にあって、それぞれがすべて、善くあれ、という念いのもとにあって展開されていて、大きな天の念いのなかの天の秩序のなかの発展形です。

六十四卦それぞれは、分断され、分かれている念いではありません。六十四卦は、善くあれ、という天の目的に向かった発展を目指しています。それぞれの卦は、天地の躍動する光の秩序の中で、それぞれが素晴らしい個性を与えられて、その個性が輝き光っている存在なのです。

5 綜卦論、錯卦論、互卦論の意義

綜卦、錯卦　互卦の考え方を取り入れることによって、六十四卦のそれぞれは実は孤立しているのではなくて、時間的、空間的に相互に影響し合い、縁ある卦と深く結びついていることが、周易において当たり前の考え方であったことが理解されます。

第三節　六十四卦の系統化、総合化　　　*141*

　ある卦が現われた時に、必ずその卦の本籍ともいうべき互卦と、時間的な縁で結ばれた綜卦と、空間的な縁で結ばれた錯卦があって、それらの卦は一体となって関係しながら流れているという見方です。

　中心の太極を囲むように、両儀、四象、八卦があって、乾為天、坤為地が成り立ち、そして同時に、水火既済、火水未済が配置されます。
　この四つの基本卦から、さらに十六卦が展開され、ついには六十四卦へと分化していきます。（弊著「蘇る易経」「煌く易経」（明徳出版社）参照）

六十四卦の根本精神と互卦・綜卦・錯卦の関係

根本精神	精神	六十四卦	徳	互卦	綜卦	錯卦
1　仁	天地創造の愛	乾為天	創造の光	乾為天	乾為天	坤為地
		坤為地	乾の絶対の信仰	坤為地	坤為地	乾為天
	無限発展の愛	水火既済	小成功	火水未済	火水未済	火水未済
		火水未済	新たな挑戦	水火既済	水火既済	水火既済
2　礼と信	礼を重んじる	風火家人	内を固める	火水未済	火沢睽	雷水解
		火沢睽	ライバルとの切磋琢磨	水火既済	風火家人	水山蹇
	天を信じ自分を信じる	水山蹇	蹇難のチャンス	火水未済	雷水解	火沢睽
		雷水解	自力解決	水火既済	水山蹇	風火家人

根本精神	精神	六十四卦	徳	互卦	綜卦	錯卦
3　義	霊的正義	山雷頤	心身の頤養	坤為地	山雷頤	沢風大過
		沢風大過	精神中心主義	乾為天	沢風大過	山雷頤
	因果の正義	風山漸	漸進し続ける心	火水未済	雷沢帰妹	雷沢帰妹
		雷沢帰妹	結婚観	水火既済	風山漸	風山漸
4　智と勇	勇気	沢天夬	決意	乾為天	天風姤	山地剥
		天風姤	神秘体験	乾為天	沢天夬	地雷復
	智を固める	山地剥	自我を剥ぐ精進	坤為地	地雷復	沢天夬
		地雷復	反省行	坤為地	山地剥	天風姤
5　愛の拡大	信と与える愛	火雷噬嗑	熱血指導	水山蹇	山火賁	水風井
		山火賁	美を称える	雷水解	火雷噬嗑	沢水困
	礼と与える愛	沢水困	困難下を突き進む	風火家人	水風井	山火賁
		水風井	井戸の如く尽きぬ愛	火沢睽	沢水困	火雷噬嗑
6　生かす愛	時を耐える礼	水天需	待つ	火沢睽	天水訟	火地晋
		天水訟	条理を争う	風火家人	水天需	地火明夷
	導く信	火地晋	上へとすすむ	水山蹇	地火明夷	水天需
		地火明夷	やぶれを越える	雷水解	火地晋	天水訟

第三節　六十四卦の系統化、総合化　　　　　143

根本精神	精神	六十四卦	徳	互卦	綜卦	錯卦
7 愛の基い を重ねる	信の基い をつくる	震為雷	不動の心	水山蹇	艮為山	巽為風
		艮為山	静思する 心	雷水解	震為雷	兌為沢
	礼の基い をつくる	巽為風	愛は風の 如く吹き 抜ける	火沢睽	兌為沢	震為雷
		兌為沢	よろこび の心	風火家人	巽為風	艮為山
8 高貴な 精神	礼の展開	風天小畜	小善を重 ねる	火沢睽	天沢履	雷地豫
		天沢履	礼節を履 む	風火家人	風天小畜	地山謙
	信の展開	地山謙	謙虚さを 保つ	雷水解	雷地豫	天沢履
		雷地豫	たのしむ	水山蹇	地山謙	風天小畜
9 正義と 真心	真心の義	坎為水	赤心	山雷頤	坎為水	離為火
		離為火	明察	沢風大過	離為火	坎為水
	王道の義	風沢中孚	潔い誠実 さ	山雷頤	風沢中孚	雷山小過
		雷山小過	小事を抑 える	沢風大過	雷山小過	風沢中孚
10 心の王国 をつくる	広く正義 を学ぶ	雷火豊	心の豊か さ	沢風大過	火山旅	風水渙
		火山旅	自己拡大 の旅	沢風大過	雷火豊	水沢節
	義の基い をつくる	風水渙	悪想念を ちらす	山雷頤	水沢節	雷火豊
		水沢節	節度や規 律を守る	山雷頤	風水渙	火山旅

根本精神	精神	六十四卦	徳	互卦	綜卦	錯卦
11 義の持続	義の日常性	天雷无妄	戒めを課す	風山漸	山天大畜	地風升
		山天大畜	大きな智恵獲得	雷沢帰妹	天雷无妄	沢地萃
	義の因縁	沢地萃	正しい想念集中	風山漸	地風升	山天大畜
		地風升	こつこつとのぼる	雷沢帰妹	沢地萃	天雷无妄
12 臨機応変	追い風と向かい風	沢雷随	偉大なものに随順	風山漸	山風蠱	山風蠱
		山風蠱	蠱乱の刷新	雷沢帰妹	沢雷随	沢雷随
	安泰と否塞	地天泰	安泰の道	雷沢帰妹	天地否	天地否
		天地否	閉塞の道	風山漸	地天泰	地天泰
13 統率力	仲間よ来い	天火同人	同志結集の光	天風姤	火天大有	地水師
		火天大有	大いなる繁栄の光	沢天夬	天火同人	水地比
	乱と治の智	地水師	正義の戦い	地雷復	水地比	天火同人
		水地比	したしみ和合する	山地剥	地水師	火天大有
14 感化力	生かされている悟り	沢山咸	感動と感謝	天風姤	雷風恒	山沢損
		雷風恒	天地は恒久なり	沢天夬	沢山咸	風雷益
	与えられている悟り	山沢損	奉仕する心	地雷復	風雷益	沢山咸
		風雷益	騎士道精神	山地剥	山沢損	雷風恒

根本精神	精神	六十四卦	徳	互卦	綜卦	錯卦
15 大局観	水平的大局観	天山遯	のがれる智恵	天風姤	雷天大荘	地沢臨
		雷天大荘	大壮明るい精神	沢天夬	天山遯	風地観
	垂直的大局観	地沢臨	上から下を臨む	地雷復	風地観	天山遯
		風地観	下から上を仰ぎ見る	山地剥	地沢臨	雷天大荘
16 克己心	幼き者の自覚	水雷屯	始める苦しみ	山地剥	山水蒙	火風鼎
		山水蒙	蒙昧の自覚	地雷復	水雷屯	沢火革
	変革の挑戦	沢火革	古きものの改革	天風姤	火風鼎	山水蒙
		火風鼎	一新する力	沢天夬	沢火革	水雷屯

第三節　周易の十六の根本精神

　孔子の十翼は、文王の卦辞と、周公旦の爻辞を中心として、注釈し解説されたものになっています。

　文王、周公旦の周易のことばを深く考え、その思想を受け止めて、儒教精神をつくられたのが、孔子の十翼です。孔子は、文王、周公旦のことば以上のことは何も残されませんでした。

　孔子は尊敬する偉人に対する儒教的美学に、寸分も揺るぐことはありませんでした。折り目正しい十翼を貫かれたのが孔子です。

しかし、孔子は「繋辞伝」で「互卦」を説明しておられますが、雑卦伝の「綜卦」「錯卦」を通しますと、「互卦」「綜卦」「錯卦」によって、六十四卦は系統的に光が統合されます。

　六十四卦は、全体が縁ある卦によってつながっていることを、孔子は十分にご理解されていました。

　孔子の十翼の展開は、現代にもつながる普遍の精神を伝えます。

　孔子は、文言伝において、人間の精神と徳について「元亨利貞」と説明されています。人間自身が持っている徳とは、自分の身に体得している「元亨利貞」を説かれています。「元亨利貞」は際限なく循環する言葉として最初の元を中心とする天地の愛です。

　「元亨利貞」を個別に人間世界の徳に配当すれば、元は「仁」です。「仁」は愛の徳であり、元の愛の徳によって万物は育てられていきます。

　元はものを養い育てる徳であり、即ち「仁」の徳であり、あらゆる天の善の最もはじめであり、一番かしらの徳です。

　亨は「礼」に配当されます。「礼」は礼儀三百、威儀三千と言われて、文物燦然たるきりりとしたものですが、きちんとした諸々の制度組織の実体を求める精神です。

　「礼」は後世では、礼儀作法の意味が強くなって、小さくなりましたが、もとの「礼」の意味はもっと大きく、「礼」は理なりで、物事の条理筋道の意味であり、礼儀作法ももとより大事にされる作法ですが、これはその一小部分であり、「礼」とはさまざまな法規、制度、その他社会の組織を立て、秩序を定めることなどは、皆、「礼」の中に入っていました。

第三節　周易の十六の根本精神　　　　　　　　　　　　*147*

　利は「義」に配当されます。「義」はよろしきなりです。万物が
皆そのよろしきところ、適当なところにあることを許されています。
大きい者は大きく、小さい者は小さくなっているのが「義」です。

　「義」は万物が引き締まって各々そのよろしきところを得ていま
す。

　貞は正しく堅固なことであり、これを「智」に配当します。智慧
があってはじめて物事の是非善悪を弁別できます。自らが是非善悪
を弁別できず、自らの我欲、頑固一徹では、正しく天の堅固なる精
神を有することはできません。

　周易の発展論の結論は次の通りです。

①　六十四卦の易の精神は、十六の根本精神にまとめられます。
②　その中心にあるのは、天地間の「仁」、つまり、乾為天、坤
　　為地に流れるタテの光であり、もう一つは人間の「仁」、つ
　　まり、水火既済、火水未済に流れるヨコの光です。
③　孔子が伝えられた精神は、「仁」。
　　十六の根本精神は、「仁」をかしらの徳としてはじまります。

　孔子が関与された周易は、孔子の時代において、あの世は100％
存在すると当時の大衆のほとんどの人が信じていた時代において、
孔子が語られた極めて宗教的な書でありました。

　孔子は宗教家でした。周易に込められた「この世とあの世とを貫
くロマン」を探ることも本書の「何ゆえに生まれしか」という根本
精神を目指しています。

第四節　天地と人の「仁」の光

第1グループ（仁）		互卦	綜卦	錯卦
その1 乾坤 （天地創造の愛）	乾為天 （創造の光）	乾為天 （創造の光）	乾為天 （創造の光）	坤為地 （乾の絶対信仰）
	坤為地 （乾の絶対信仰）	坤為地 （乾の絶対信仰）	坤為地 （乾の絶対信仰）	乾為天 （創造の光）
その2 既済未済 （無限発展の愛）	水火既済 （小成功）	火水未済 （新たな挑戦）	火水未済 （新たな挑戦）	火水未済 （新たな挑戦）
	火水未済 （新たな挑戦）	水火既済 （小成功）	水火既済 （小成功）	水火既済 （小成功）

1　乾坤グループ　（天地の仁）

天地が創造された元に、先ず天の念いがありました。

天は光です。天は光そのものです。

その天の光が、創造の念いを発します。

その創造の念いは「仁」という愛の念いであり、善くあれという念いです。

易経の六十四卦の中の中心の卦である乾為天は、創造の光の象徴

第四節　天地と人の「仁」の光　　　　　　　　　　　　　　　149

です。

　乾為天と坤為地は、周易においては易経六十四卦の中の根本を形
成する二卦です。乾為天は「創造の光」です。そして、坤為地は
「乾為天の絶対信仰」です。

　乾為天が「創造の光」を発して活動を開始すると、坤為地は即座
に乾為天に呼応して乾為天を補佐する活動を行います。

　坤為地は乾為天の裏表の関係として存在していて、「乾為天の絶
対信仰」の光を即座に立ち上げて、坤為地は乾為天と共に輝きを始
めます。

　坤為地は、絶対的に乾為天を信じて、乾為天の莫大な創造の光を
純粋に柔順に受け入れることによって、天地の万物を造化させる莫
大な力を生むのです。

　坤為地は、乾為天を100％、絶対的に信じる偉大な力を発揮して、
創造の光を地上に体現する象徴です。

　このような乾為天と坤為地の、「創造の光」と「乾為天の絶対信
仰」の大いなる活動展開の姿が、「仁」（愛）です。

　乾為天の互卦は乾為天です。

　六十四卦のなかにあって、乾為天はこの地上に存在が許されるは
じめての象徴です。

　乾為天は、たとえば天や君子や男性や精神性など非常に多様な意
味を有していますが、乾為天の互卦はあくまでも乾為天であり、乾
為天の本質は創造の光である乾為天であり、変わりようはありませ
ん。

　乾為天は個別にはさまざまに展開されていきますが、乾為天はそ
れぞれが自分の内のほうへ深く入り求めていくと、実はその奥に無

限の根源のご存在へと伸びている、創造の光の根源の天帝と直結している力強い一本の道があるのです。

実は、乾為天の本質には根源の天へと伸びている道があるのです。

つまり根源の創造の天から、乾為天を通して万物の光へとつながっているものがあるのです。

この地上のすべてのものには、創られたものとして、根源の天帝へと伸びている光があることを、乾為天は示しています。

坤為地の互卦も同じく坤為地です。

創造の光である乾為天は、決して一人だけで存在するものではありません。

乾為天を絶対的に信仰して受け入れる坤為地の光があって、乾為天と坤為地は、存在することができます。

易は乾坤、陽陰、剛健柔順の作用によって、伸びやかに大きく屈託なく、万物は限りなく生成発展していきます。

坤為地は至高なる創造の根源である天帝を絶対的に信仰する地の精神が本質です。

乾為天の本質は乾為天であるように、坤為地の本質は坤為地であり、変えようがありません。

天地の本質は、乾為天と同じように、坤為地も変えようがない本質です。

乾為天の綜卦は乾為天であり、坤為地の綜卦もまた坤為地です。

乾為天も坤為地も、本質は天地のタテの「仁」の愛の極致であり、長い時間的な流れを経てこの世に現われています。

乾為天の錯卦は坤為地であり、坤為地の錯卦は乾為天です。

第四節　天地と人の「仁」の光　　　　　　　　　　　　　　151

　乾為天は、空間的には坤為地と裏表の密接関係にあり、また坤為
地も空間的に乾為天あっての坤為地であり、両者は本来的に空間的
に表裏が一体となって存在しています。

２　既済未済グループ（人間《じんかん》の仁）

　天地の創造の「仁」（愛）は、水火既済《すいかきせい》と火水未済《かすいびせい》の無限に向上す
る人間《じんかん》の「仁」（愛）の光に転化されて発展していきます。

　乾為天と坤為地の「仁」は、天地間に流れるタテの愛ですが、水
火既済と火水未済に流れる「仁」は、人間《じんかん》に流れるヨコの愛です。

　「仁」（愛）は、天地間と人間《じんかん》に流れる、タテとヨコに張り巡らさ
れた愛の精神によって、私たちを暖かく守って頂いているご存在が
あることが真実です。

　水火既済は「小成功」です。火水未済は「新たな挑戦」です。

　水火既済と火水未済の発展の姿はお互いが即座に変化しながら、
両者一体不離の関係を保って、共に変化し発展向上していきます。

　水火既済の本質を表している互卦《ごか》は火水未済です。そして、水火
既済の綜卦《そうか》も錯卦《さくか》もまた、火水未済です。

　火水未済の互卦は水火既済です。そして同様に、火水未済の綜卦
も錯卦もまた、水火既清です。

　水火既済は一旦小さな成就が実現する「小成功」です。

　天は人に対して、その人の努力に応じて時に応じて、「小成功」
のご褒美を与えられます。入学や入社、昇進、結婚、出産、思いが
けない人との出会い、新しい発見と感動、実に多くの小成功を人は
天から与えられます。

しかしまた、この世のものはすべて時々刻々に変化していくようになっています。「小成功」があっても、その成功がまったく同じ状態であり続けることはありません。

人生にはデコボコがあり、一旦小さな成功をしても、やがて予期せぬ展開が必ず小成功の後に起るようになっており、まもなく転び、また転んでは起き上がるというようなことが起るように、天から人の人生は設計されていると言ってもよろしいかも知れません。

この世は諸行無常です。この世は常に変化変転して同じ処に一時も留まることはありません。

また、男女の恋愛や結婚関係で小さな成功があっても、躓くこともあります。さらに希望する会社に入社して小成功があっても、仕事内容に恵まれなかったり、昇進で挫折したり、大きな経済問題で転ぶこともあります。病気をすることもありますし、家族に問題が起きることもあります。

つまり、水火既済の「小成功」は、この世における一時期の小さな成功です。小さな成功で、人生の成功が未来に向かって永遠に約束される成功などありません。

水火既済の小成功は必ず長続きはせず、転び、またいくつかの試練を経験し、火水未済の「新たな挑戦」を行わなければならなくなってきます。天は人に対して、この世において魂の発展向上を迫っています。

水火既済は六爻すべてが正位で安定の一時期を迎えますが、六爻すべてが不正位である火水未済と表裏一体となって存在しているのです。

第四節　天地と人の「仁」の光

　火水未済の「新たな挑戦」も、同様に水火既済の「小成功」と表裏一体の関係があって存在しています。

　人生には必ず何度か壁が出てきます。その人の職業や年齢、家族構成など、立場相応の壁が何らかの形で必ず出てくるのです。壁が出てこないことはまずありません。この壁をどのようにして越えていくかということが火水未済の「新たな挑戦」です。

　火水未済の「新たな挑戦」は、復元力とも言うべきものです。人生には、失敗したり、叩きのめさりたりすることもあります。

　しかし、そこから復元して「新たな挑戦」をする、もう一度立ち直ってくるという復元力を持つことが大事です。

　復元力とはどれだけ早く立ち直って「新たな挑戦」を目指すか、ということです。

　めげてもまたすぐ元気になり、明朗闊達に屈託なく明るい気持ちになって挑戦する力です。この復元力は非常に大事です。

　そうした「新たな挑戦」をしているうちに地力がつき、思いのほか能力が伸びてまた成功することになります。

　一度何かの試練を通り抜けて「新たな挑戦」をすると、それと似たようなものに関しては、失敗したり転んだりすることはありません。

　そして火水未済の「新たな挑戦」の結果、そのより高次な挑戦の努力の結果に応じて、新たな水火既済のより高次な「小成功」が用意されています。

　私たちは、「すでに生かされている」この世の変転の中において、無限の水火既済と火水未済の繰り返しが行われ、人は無限の発展向上の天地の「仁」(愛) のなかに高次な発展に向かって生かされている存在なのです。

天地と人の光（仁とは）

天地間のタテの仁

乾為天（創造の光）

陽　進歩

陰　調和

坤為地（乾の絶対信仰）

人間のヨコの仁
じんかん

火水未済（新たな挑戦）

復元力

壁

水火既済（小成功）

第五節　卦の徳の総合的判断（事例）

1　四大難卦に観る周易の柔軟性

　四大難卦とは、「水雷屯」「坎為水」「水山蹇」「沢水困」です。

　「水雷屯」の卦は、物事を始める時、創業の時に難儀して伸び悩むのです。水は天上にあって、水を呼ぶ雷は水の下に閉じ込められていて、地を潤すことが出来ない象です。草木が始めて芽を出した時に水は降らず伸びかねる難儀です。

　「坎為水」の卦はあまりに行き過ぎて、穴のなかに陥って、容易に抜け出すことの出来ない難儀です。「坎為水」の卦は、坎の卦の水が二つ重なっており、渉り越えることの困難な大きい川が二つ重なっていて、一つの大きな川を乗り越えても、その先にまた一つの大きな川があるという難儀です。

　「水山蹇」の卦は、険阻艱難な障害が前を塞いでおり、進むことが出来ないのです。下卦に峻険な越えがたい山があり、上卦に険難な渉りがたい川がある象です。

　「沢水困」の卦は、あまりにのぼり過ぎて、力が窮まりつきたところの困難です。行き詰まってしまって、押し切って進むべき力がなくて、悩み苦しむ難儀です。

　占筮の世界では、この四大難卦は、いわばこの世にあって難しい局面を推定出来る卦であるとも言えます。

　しかし、四大難卦を得たとしても、それで悪しき卦を得たと判断出来るとは限りません。

　六十四卦は相互に関係し合っています。互卦と綜卦と錯卦の考え

方を入れれば、 例えば、「水雷屯」は始める苦しみですが、誰にも物事を創る時に現われる苦しみであり、互卦（本質）は「山地剥」であり、まだまだ大きな天下に対して小さな自我が邪魔していることを教えます。自分を変えなければ世界が広がらないことを教えます。（弊著「煌く易経」（明徳出版社）ご参照）

2　水山蹇　（蹇難のチャンス）

事例として、まず水山蹇の卦から周易の柔軟性を学びたいと思います。

蹇とはあしなえ（びっこ）であり、足が不自由で、歩行することが困難な状況です。つまり、物事が滞ること、スラスラと前に進まないことです。滞ってスラスラと進まない難儀が眼前に展開しているのですが、その蹇難こそチャンスと捉える精神が水山蹇です。

「水山蹇」の卦は、下卦は峻険な山です。上卦は深く広い大川です。険しい山をようやく登り越えても、その先に渉り越えることの難しい大川が待っています。

険阻艱難が幾重にも重なっていて、進み越えることがなかなか難しいことをあらわしています。

「水山蹇」の卦は、そういう場合に処する道を説いています。

「水山蹇」の卦は、難卦の一つとはいえ、互卦と綜卦と錯卦の展開を考えますと、この卦も運命論的に悪しき卦と断じることの出来ないことを私たちに教えます。

易の通俗的な解釈では、立筮した卦を一つの孤立した卦として一面的な判断をしている傾向がありますが、一つの卦にはその卦と深

第五節　卦の徳の総合的判断（事例）　　*157*

い関係を持っている卦の存在があります。人間関係と同じように、人間は努力、精進次第で新たな人生を切り開くことができる道が備えられているのです。運命開拓論を周易は教えます。

　水山蹇は「蹇難のチャンス」の徳です。蹇難に落ち込んでいてばかりであってはいけません。蹇難こそチャンスなのです。水山蹇の互卦（本質）は火水未済の「新たな挑戦」です。また、綜卦は雷水解の「自力解決」であり、錯卦は火沢睽の「ライバルとの切磋琢磨」です。

　水山蹇は、人の蹇（あしなえ）に譬えられるように、進むにも進めない状態の難儀に遭遇することがあっても、この「蹇難こそチャンス」として天を信じ自分を信じる徳によって挑戦を目指す精神です。

　水山蹇の互卦が火水未済であるというのは、水山蹇の「蹇難をチャンスとする」精神が、火水未済の「新たな挑戦」を目指している精神を本質としていることを教えます。火水未済の未だ済らないという大きな認識を本質として蹇難に挑戦するのです。

　競争社会で揉まれて、小さな挫折をしない人など一人もいません。誰もが何度も何度も挫折します。しかし、人生は「蹇難こそチャンス」なのです。

　この世において、天は一つの失敗もせず、一つの挫折もせず、一つの苦しみもせず、一つの悲しみも得ずに生きることを、お許しになってはおりません。

　水山蹇の本質は、火水未済の「新たな挑戦」の精神で、さまざまな経験を積み重ねていくなかで魂に力をつけ、底光りさせていく道を求めなさいと、易は教えます。

　また、水山蹇の綜卦は、雷水解の「自力解決」です。

蹇難は必ず自力で解決する精進の時間が前提です。人に頼っていてはなりません。

蹇難は時間的に自力で解決するしかありません。そして、水山蹇の錯卦は火沢睽の「ライバルとの切磋琢磨」です。

人は自ら一人で成長できる存在ではありません。発展成長する過程で、人には必ずその人を強く刺激するライバル、競争相手、理想像などが現われて、共に切磋琢磨する環境が与えられるようになっています。ライバルは否定する存在ではなくて、切磋琢磨して自分に新たな向上点、脱皮点などを教えてくれる肯定的存在です。

六十四卦の徳は、過去、大君子としてお生まれになった偉人の足跡から学ぶことが出来ます。(弊著 「蘇る易経」(明徳出版社) ご参照)

「水山蹇」の徳は、二宮尊徳翁の人生から深く学ぶことが出来ます。

二宮尊徳 (1787 〜 1856) の一生は、水山蹇の蹇難の連続でした。

貧しい農民の子として生まれましたが、若くして両親と死別して、弟の二人は親戚に預けられ、父祖伝来の田地は人手に渡りました。

しかし蹇難を新しい創造のチャンスととらえて、天を信じ自分を信じて智慧を使って困難にチャレンジされたのが尊徳の生涯です。

「蹇難をチャンス」としてとらえられる方でした

尊徳という名前は、徳を尊んで実践する人間を目指すということに由来している、と言われています。

尊徳の蹇難に処する道は、「水山蹇」の卦辞にありますように、「西南に利し。東北に利しからず」であり、東北の険しい道、難し

い道からではなく、西南の平坦な道、易しい道から行なっていきました。あぜ道に捨てられていた苗を空き地に植えて先ず1俵の米を収穫し、その後年貢のかからない荒地の開拓などで収入の増加をはかるなどして、少しずつ少しずつ難儀を解決していきます。そして、生まれながらの不幸の環境をものともせず、20歳で生家の再興に成功します。やがて地主としての経営に成功して、蹇難を果敢に切り開いていきます。

　たとえ厳しい身分社会制度のもとでの農民であっても、このような大人物を生地の小田原藩は放っておきません。小田原藩家老の服部家の財政立て直しを、武家の奉公人の立場で与えられますが、この時間的に「雷水解」の「自力解決」の徳で、次々と難しい課題が与えられて、一つひとつをきちんと自力解決して、見事に成功していきます。

　さらに小田原藩の縁で下野国（栃木県）の桜町領の復興、烏山藩、谷田部藩、相馬藩などの立て直しをはかり、また幕府の役人に取り立てられて、与えられた難しい仕事を、次々に成功していきました。

　「水山蹇」の錯卦は「火沢睽」の「ライバルとの切磋琢磨」です。
　改革には、さまざまな抵抗勢力の反対がつきものです。
　尊徳にとっての仕事を行う上での最大のライバルは、小田原藩の上司でした。嫉妬です。厳しい差別社会において、農民出身の尊徳は、人生常にこの差別に戦い続ける運命にありました。
　しかし、尊徳は、ライバルの上司から学ぶことを原点にして、蹇難に対処していきました。
　ある時、藩主が尊徳の上司の問題に薄々気が付かれて、何か申したいことがあれば申せ、という問いに対して尊徳は、「何も環境が悪いのではありません。うまく行かないのは、すべて自分の努力が

足りないからです」と答えたのです。

「良いことばかりしか起きない」という深さのない感性から脱皮して、各方面のライバルとも見えし問題を研究して、尊徳は実績を積み重ねていきました。

どの立て直しにも多くの蹇難が襲い掛かってきました。しかし、尊徳は天を信じ自分を信じる「信」の徳によって、これらを乗り越えて、成功を積み重ねていきます。

尊徳は自分一人でできることには、自ら限界があることを悟っていました。そして、卦辞にありますように「大人を見るに利し」であり、小田原藩主の絶対的な信頼をバックにして、三十代の頃、小田原で五常講を創りました。

五常とは、仁、義、礼、智、信の儒教の五つの徳のことです。信頼を寄せて戴いた大人である藩主が、尊徳に対してお金を貸し下げて戴いた資金を元に、五つの徳を守るということを約束した者に限って、無利子や低利でお金を貸す講をつくったのです。

「貞しきに吉なり」です。五つの徳を守れる人物ならば、お金を貸しても必ず返済する人である、という考え方が背景にあったのです。当時の藩士たちは、お金のやりくりが大変で、高い金利でお金を借りる人も多く、生活苦にあえいでいました。その人たちを積極的に救済したのです。百人一組の組をつくり、もし返済できなかったら、その組が連帯して弁済するやり方をとりました。

尊徳は若い頃、儒教の教えをしっかりと学んでいます。人間には五つの徳が大切だということを悟っています。

二宮尊徳は、「水山蹇」の徳を実践された偉人のお手本のお一人でもあったのです。

第五節　卦の徳の総合的判断（事例）　　　　　　　　　　　161

「易経」は単なる運命論ではなくて、運命開拓論を謳った希望の
教えであることを教えています。

3　沢水困（困難下を突き進む）

　第二の事例として、四大難卦の一つである沢水困から周易の柔軟
性を学びます。
　沢水困は、「困難下を突き進む」徳です。
　困とは困ること、困しむことです。沢の下に水があり、本来水が
沢の中に満ちているはずなのに、沢の水が下に漏れて沢が沢でなく
なっています。沢が本来の機能をもてなくて困っているのです。

　困難という状態は、現在只今は、天の光が一時覆われている状態
です。
　きちんとした精進をもとに挑戦し続ければ、循環論的作用が働き、
いつまでも困難下が続くことはありません。困難を超えて突き進み、
向上することを目指している人間にとっては、困難はある意味では
チャンス到来なのです。
　人には超えられない困難は天から与えられません。
　つまり易ではもともと私たちは天の子であり、困難と見えるもの
はすべて私たちの魂を光らせるための砥石であり、乗り越えて飛躍
するチャンスと考えています。
　私たちにとって苦難や困難というものは悪いこと一辺倒のように
捉えがちですが、必ずしもそうとは言い切れない面もある、と易は
教えます。
　困難の先に将来の成功の光が隠れており、一流の君子であるなら
ば一旦困ることが起きても、困難を超えて光が通ることは間違いな

い、と断じているのです。

　大事なことは、困難の中にあっても邪まな方法で逃げることなく、正しい道をきちんと守らなければならないという点です。困難の中にあっても、正しい道を決して踏み外すことはなく、むしろ、天命を楽しむという悠々とした、かなりレベルの高い精神で取り組むので、吉であり、何の咎めを受けることはないのです。

　困難は、実は姿を変えた、天の大いなる愛であることが多いのです。まさに大人物の天命を楽しむ精神があって、吉なのです。

　だから困難の中にあっては、潔くする、愚痴や不平不満は一切言わない、そして逆に自分の成長を促す何かを感じ取り、正面からこの困難に前向きに取り組みなさい、と教えています。

　天は人間を愛しており、人間に喜びを与えようとしますが、砂糖菓子のような舌触りの良い甘い喜びを与えようとしているわけではありません。天が人間に与えようとしている喜びは、もっともっと深く長く続く喜びです。噛めば噛むほどに、奥深い味と香りが出てくるのです。天はそのような深い喜びを人間に与えるため、人生の途上に一見困難とも思えるような状況を用意するのです。そしてその困難を乗り越えた時に、人間はまた一皮むけて、さらに向上していくのです。

　困難な状況に処する時に、初めてその人の価値がはかられるものであり、優れた人物なのか、劣っている人物なのか、を天が試されている時なのです。

　（互卦・綜卦・錯卦については、弊著「煌く易経」（明徳出版社）ご参照）

第五節　卦の徳の総合的判断（事例）　　　163

　「困難下を突き進む」徳の本質は、結局、「風火家人」の「内を固
める」徳が本質です。他人に頼ることなく、自らの内を固めてひた
すら精進する道です。

　「困難下を突き進む」徳を続けるには、家庭であれば、家の内部
を固めて外に向かっていくことが基本です。また、先ず自己確立を
はかり、土台をつくり、柱をたてていくことが基本です。

　沢水困の「困難下を突き進む」徳と、水風井の「井戸の如く尽き
ぬ愛」の徳は、お互いが深い時間的な関係を持つ綜卦の関係にあり
ます。

　「水風井」の井戸の水は、愛のように尽きることはありませんが、
水の下に木の釣瓶（風）がある象で、釣瓶を使って汲み上げる努力
によって、はじめて多くの人のもとに井戸の水が与えられて多くの
人が潤うのです。愛を与える実践が求められるのです。

　沢水困の「困難下を突き進む」徳と山火賁の「美を称える」徳は、
お互いが空間的に深い関係にある錯卦です。

　「困難下を突き進む」徳は、人生という名のキャンバスに、一体
どれだけの美しい絵を描き切るか、世の中にどれだけ自分が価値あ
り美しいと思うことを実現していくかを問う徳と空間的に密着して
います。人は困難の中を進んで生きていく人生のキャンバスに、ど
れだけの文化性、どれだけの美しさを盛り込んだか、それを勝負と
しています。

　「沢水困」の徳は、過去、大君子としてお生まれになった松下幸
之助翁の足跡から学ぶことが出来ます。

松下幸之助（1894〜1989）は、和歌山県和佐村の、7人の小作人を持つ小地主の八人の兄弟姉妹の末っ子として生まれました。4歳の時に、父の米相場の失敗で、土地と家の財産が人手に渡り、一家はその後辛酸をなめることになります。幸之助は尋常小学校を4年で中退し、9歳の時から大阪で丁稚奉公の小僧となります。丁稚奉公時代、自転車屋の小僧となっていた時に、当時急速に普及しつつあった、新興の電気の世界に興味を持ち、電気に関する仕事に志を立てます。

「沢水困」の「困難下を突き進む」徳の互卦は「風火家人」の「内を固める」徳です。

「内を固める」第一歩として、15歳の時に大阪電燈（現関西電力）に入社して7年間勤務、22歳の時に退職して電球ソケットの製造販売から、事業を開始していきました。

その後、創業の苦難困難を乗り越えて、ひたすら内を固めて、1933年には事業の本拠を大阪の門真市に移して、将来の大発展の基礎をつくられます。

沢水困の「困難下を突き進む」徳と、水風井の「井戸の如く尽きぬ愛」の徳は、お互いが深い時間的な関係を持つ綜卦の関係にあります。

「水風井」の井戸の水は、釣瓶を使って汲み上げる努力によって、はじめて多くの人のもとに井戸の水が与えられて多くの人が潤うのです。愛を与える実践が求められるのです。

幸之助の会社観は一貫して、「松下電器は公のものや」、という考え方でした。従って、人・物・金を預かっている事業は、社会の預り物なので、甘えは徹底して捨て去らねばならない、という信念のもとで、人づくりも徹底されたのです。

第五節　卦の徳の総合的判断（事例）

　若い頃の幸之助は直情径行であり、机をガンガン叩いて熱血的に叱ることのできる指導者でした。当時の部下の一人は「叱られどうしに叱られた」と懐かしく述懐していますが、幸之助自身は内を固め、社会に愛を与える高い理想を立て、大きな方向をきちんと示し、良い結果が出ると上機嫌で「それは結構やったな」という超一流の指導者・幸之助に多くの人々が慕ってついていきました。

　沢水困の「困難下を突き進む」徳と山火賁の「美を称える」徳は、お互いが空間的に深い関係にある錯卦です。

　「困難下を突き進む」徳は、人生という名のキャンパスに、一体どれだけの美しい絵を描き切るか、という「山火賁」の「美を称える」徳と空間的な関係を持っています。

　困難の中を進んで生きていくなかで、常に、どれだけの優れた文化性、優れた美しさを夢に描いているか、それを勝負としています。

　松下幸之助の人生は、いつも逆風の中にありながら、超一流の人物として、人生の過程を楽しみながら、その逆風をいつも乗り越えてこられた、偉大な方である、と言ってもよろしいのではないでしょうか。

　ちょうど、ライン下りをする時に、急流を舟で漕ぎ、そして乗り越えてやがて川下へと下りていくように、その川下りの過程そのものに大きな値打ちを感じられた人生を送られた方なのです。この過程に美を伴う喜び、美しさを伴う喜びがあることを教えられた、大偉人なのです。

　易は多様な観方を提供します。

　多様を理解できる読み手の資質が問われるのも「易経」の神髄です。

参考文献

易経講話㈠〜㈤	公田連太郎	明徳出版社
易学大講座㈠〜㈧	加藤大岳	紀元書房
易学入門	安岡正篤	明徳出版社
易とは何か	安岡正篤	ＤＣＳ
易と人生哲学	安岡正篤	致知出版社
易経講座上㈠〜㈡、下㈠〜㈡	本田　濟	斯文会
易経大講座㈠〜（一二）	小林一郎	平凡社
国訳漢文大成「易経・書経」	宇野哲人	国民文庫刊行会
眞勢中州の易哲学	磯田栄一	紀元書房
殷周革命	佐野　学	青山学院
周公と其時代	林　泰輔	大倉書店
天界と地獄	スエーデンボルグ	静思社
新釈漢文大系「論語」	吉田賢抗	明治書院
図説東洋医学	山田光胤・代田文彦	学研
白川静著作集６（孔子伝、周公旦）	白川　静	平凡社
易と「中庸」の研究	武内義雄	岩波書店
中国古典文学大系（易経）	赤塚　忠	平凡社
新釈漢文大系「史記」㈠（本紀）	吉田賢抗	明治書院
㈤（世家上）	吉田賢抗	明治書院
㈦（世家下）	吉田賢抗	明治書院
太陽の法	大川隆法	幸福の科学出版
永遠の法	大川隆法	幸福の科学出版
孔子、「怪力乱神を語る」	大川隆法	幸福の科学出版

あ と が き

　本書は、既刊書「蘇る易経」（明徳出版社）、「煌く易経」（同）に続く三部作のまとめとなる書です。

　乾為天・坤為地、水火既済・火水未済の四卦に統合される壮大な六十四卦の精神と徳を前提にして、「蘇る易経」では18人の偉人（大君子）の生涯からその精神と徳について具体的に学びました。

　続く「煌く易経」では、互卦、綜卦、錯卦を学び、六十四卦はそれぞれの個性が孤立しているのではなくて、縁ある他の卦と連結し合っていて、結局、乾為天・坤為地、水火既済・火水未済の四卦に帰結する事実を学びました。

　そして、今回は前二作を背景にして、「神秘の易経」に辿りつきました。

　孔子は十翼のなかで、象伝（上下）と象伝（上下）において、占筮的で難解な卦辞と爻辞を分かり易くやさしく宗教的に注釈し解説をされました。そして文言伝は、六十四卦の中心を構成する乾為天と坤為地の二卦について特に取り上げて詳しく注釈と解説を説かれました。また繋辞伝（上下）は周易の総論を説いて宗教性や思想性の強い教えを賜りました。

　次に説卦伝では八卦の意義を説明され、雑卦伝では六十四卦の意義を説かれました。

　さらに序卦伝をつくられて、それまでバラバラであった六十四卦を一つの流れとして序卦し統括されたことは大きな意味を持っています。

　当時の孔子の周易の儒教の教えは、当時、実にキラキラと輝いていた言葉であり、天下を導く教えをつくられたのです。

　孔子は、「十翼」において、ひたすら、この世においても天がつくられた

多次元世界を意識して、善因善果・悪因悪果の縁起を信じ、仁（与える愛）を実践せよ、また、天や神仏への信仰心を決して忘れるな、そして自己責任を認識して努力精進に努めよ、と徹底して教えておられます。

孔子は、天がつくられた世界を、悠々とした大いなる悟りのもとで、生き生きとした宗教性溢れる儒教の根本精神を説かれたのです。

「十翼」の孔子の精神は、実に大きく、その一方で細部に至るまで緻密で、その目は小さいところまで怠りありません。

それは、大宇宙がはるかに極大の世界から、はるかに極小の世界まで、すべて天帝の目が行き届いているという感動に似ています。

結局、私たちは周易から次のことを学びました。

第一に、「動物的、唯物的な人間となるな」という教えです。この世の人間は毎日「食べて排泄して生きている」動物的存在でもありますが、現代日本人はこの世の人生を生き抜いて、肉体的生き方にとらわれて、半数以上が地獄行きという厳しい現実があります。天は無神論・唯物論を容赦されないという事実にあらためて気が付かねばなりません。

第二に、周易の「この世は仮の世、あの世こそ実在」という教えです。魂のこの世とあの世を通して求むべき極致は「仁」であり、「利他」に努め、「君子を目指せ」という教えです。

第三に、「周易は希望のメッセージ」であるということです。あの世の存在を悟り善因善果を実践すると、人生は劇的に変化するという事実です。仁徳を磨くことは最強の打ち手であり、運命はコントロール出来て変えられるのです。

本書刊行に際しまして、前二作同様、暖かいご指導を賜りました明徳出版社佐久間保行社長、本木秀長副社長に対しまして、深く感謝申し上げます。

あとがき

　また、先進的なアドバイスと校正にご協力を賜りました、勉強会「四人会」の畏友、上之門捷二氏、磯崎澄氏、田中栄一氏に対しまして、深甚のお礼の心を捧げます。

　2018年10月

遠山　尚

著者略歴

遠山　尚（とおやま・ひさし）

1943 年生

21 世紀の易を研究する会代表

㈱エンジェルジャパン代表取締役

〔著書〕

「蘇る易経—日本を復興させる東洋精神—」＜明徳出版社＞

「煌く易経—未来に生きる東洋の神秘的精神—」＜明徳出版社＞

「医師がすすめるミネラル健康読本」＜共著　丸善㈱＞

神秘の易経—周易が教える宇宙観と世界観—

───────────────────────────

　　平成 30 年 12 月 3 日　初版印刷

　　平成 30 年 12 月 7 日　初版発行

　　　　　著　　　者　　遠　山　　尚

　　　　　発　行　者　　佐久間　保行

　　　　　印刷・製本　　㈱興　学　社

　　　　　発　行　所　　㈱明徳出版社

　　〒 162-0801　東京都新宿区山吹町 353

　　（本社・東京都杉並区南荻窪 1-25-3）

　　電話　03-3266-0401　振替　00190-7-58634

───────────────────────────
乱丁・落丁の場合はお取り替えします。ISBN978-4-89619-862-1